Méthode AGILE

Guide de mise en œuvre dans les projets de SI et d'organisation

Jean-Pierre Vickoff

L'Agilité, c'est le passage du mode collaboratif au mode coopératif.

Organisation de l'ouvrage

Leader de projet et concepteur-développeur, Jean-Pierre Vickoff est un pionnier en méthodologie du développement des systèmes d'informations.

Dès la fin des années 1980, ses communications régulières sur l'approche itérative incrémentale adaptative et plus particulièrement sur la méthode RAD, le positionne comme l'un des fondateurs de ce courant de pensée dont il est l'initiateur francophone.

Avec PUMA, Jean-Pierre Vickoff propose une méthode Agile de troisième génération complétant et urbanisant les méthodes actuelles, ainsi qu'une extension de leur champ d'application au domaine du Management Agile.

Photo JPV, 2006
Bibliographie officielle sur Wikipedia

Agile-Entreprise.com
Vickoff@Noos.fr

AGILE Historique et évolution

Itératif – Incrémental – Adaptatif

AGILE Historique et évolution

L'Agilité est la dynamique de l'organisation réactive et apprenante.

Trois vecteurs d'Agilité

L'Agilité, paradigme d'une nouvelle vision de l'organisation, s'affirme comme un outil d'alignement et de cohérence entre les forces internes et les défis externes qui dynamisent l'entreprise.

En pratique, l'Agilité se matérialise par une orientation « services » et s'instrumente dans la conjonction de trois vecteurs indissociables :

- la motivation rationnelle des ressources humaines,
- des processus configurés en continu,
- l'usage intensif des nouvelles technologies.

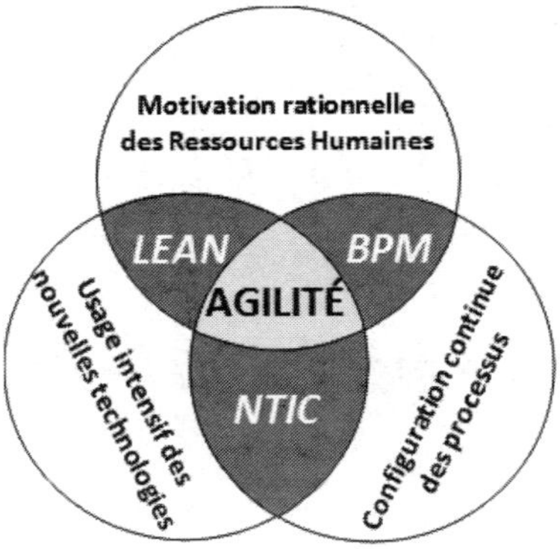

Figure 1. — Dynamique de l'Agilité

Au niveau de projection supérieur se trouve l'hyper Agilité. Son atteinte nécessite une forme opérationnelle de pro-activité. Elle s'instrumente par l'anticipation rationnelle d'un futur immédiat dont l'intérêt des évolutions émergentes est évalué sous la forme d'une balance entre catalyseurs et inhibiteurs (*voir le détail infra).*

La Proposition pour l'Urbanisation des Méthodes Agiles (PUMA) a pour ambition d'instrumenter cette recherche.

Un mode coopératif

Il est aussi possible de considérer l'Agilité sous des aspects plus ouverts, comme une rencontre « Autour d'un verre », organisée par ADELI avec Gérard Balantzian, m'en a facilité la formulation.

L'agilité est selon lui « une posture stratégique déclinée opérationnellement. Une culture de la transition. Un mode coopératif raisonnablement démocratique opéré par des acteurs rationnellement motivés. »

Au niveau opérationnel, l'engagement Agile permet de gérer la complexité de détail en détectant les émergences de nouveaux besoins et les réponses immédiates à leur donner ; ce qui permet de déterminer les points d'inflexions du changement au niveau stratégique (et non l'inverse).

L'Agilité nécessite, autant qu'elle permet, d'abolir les distances entre partenaires. Pour le chef d'entreprise, initier des pratiques Agiles consiste à promouvoir un mode relationnel impliquant à niveau égal et dans un mode « gagnant-gagnant » la totalité des acteurs du projet afin d'optimiser une co-construction de la valeur. En pratique, l'action Agile est donc relativement autogérée et implique à égalité de décision tous les partenaires.

Toujours selon Gérard Balantzian « L'Agilité apporte aussi des éclairages et des solutions à divers problèmes découlant de comportements humains pouvant paraître irrationnels. Créatrice d'unité, l'Agilité pose les fondations d'un cercle vertueux de l'engagement qui se matérialise initialement dans une fierté d'équipe et aboutit au final à l'évolution de la culture de l'organisation qui accepte de la mettre en œuvre. »

Pour l'équipe projet, l'Agilité c'est avant tout l'acceptation du changement dans la transparence d'une métrique objective de celui-ci et, au final, la garantie d'un mode gagnant-gagnant pour elle et pour son client.

L'Agilité c'est aussi la capacité d'aller à l'essentiel.

En résumé et pragmatiquement, l'Agilité initie la transition d'un mode collaboratif classique, donc individualisé, vers un mode réellement coopératif par agrégation de toutes les actions, de leurs responsabilités et de leurs récompenses à un niveau global.

Itératif et incrémental

Les notions sous-jacentes aux principes incrémental et / ou itératif sont fréquemment mal comprises. La métaphore du tableau de la Joconde, choisie par Jeff Patton (Figure 2) pour matérialiser individuellement ces concepts est particulièrement pertinente.

Figure 2. — Itératif / incrémental (Jeff Patton)

Afin de visualiser le principe les combinant, je propose sur cette base le montage suivant (Figure 3) qui matérialise la dimension temporelle de l'itération, donc le pilotage du projet en regard de la dimension applicative de l'incrément.

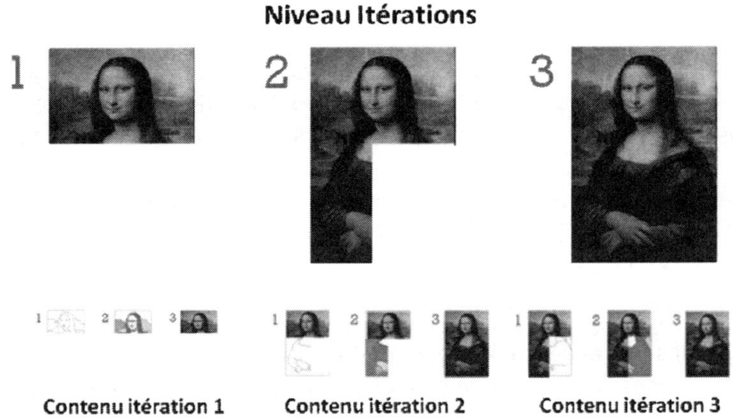

Figure 3. — L'itératif combiné à l'incrémental

A la fin de la première itération, un livrable utilisable est produit. En effet, si la production devait cesser à ce point, le client disposerait d'un portait au lieu d'un buste, mais au moins il serait achevé. La Figure 25 page 39 illustre l'addition du concept « adaptatif ».

Evolution des cycles de vie et des méthodes

La notion de méthode « Agile », ou plus précisément « itérative, incrémentale, adaptative », se limite actuellement au développement d'une application ou au cadre d'une conduite de projet.

L'approche Agile implique simultanément la spécification, la production et la validation d'un produit intégré et testé en continu. La responsabilité des actions est confiée à des ressources humaines bien formées, relativement autonomes et rationnellement coopératives.

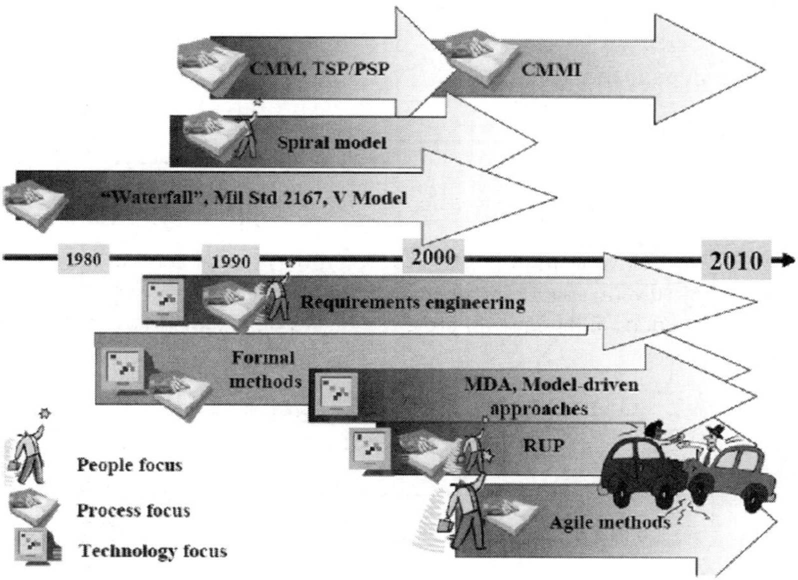

Figure 4. — Vision globale (source NCR 2007)

Des débuts empiriques

Certains prétendent faire remonter les origines de certaines méthodes aux années 60. A l'époque l'informatique existait déjà, sur les premiers ordinateurs dits « scientifiques » pour l'armée et certaines branches de la recherche. Les entreprises se contentaient de matériel dit « classique » qu'il fallait câbler physiquement.

J'ai vécu professionnellement cette époque et je peux assurer qu'aucun chef de projet en informatique de gestion ne s'occupait de méthode.

Le modèle « cascade » et le cycle en « V »

Ensuite, dans les années 70[1], il est exact que bien avant l'approche « cascade » caractérisée par un cycle en V (Figure 5) qui a marqué le début des grands développements de systèmes d'informations, les programmeurs utilisaient de manière totalement empirique le « codage-test-correction » (rien à voir avec le TDD). Peut-on en conclure, comme je l'ai vu faire en conférence, que cette forme d'itération était une méthode et représentait les prémices de *Scrum* ? Non bien sûr.

Ce qui caractérise une méthode itérative, c'est sa capacité à planifier une itération de production en termes de fonctionnalités et d'interdépendances.

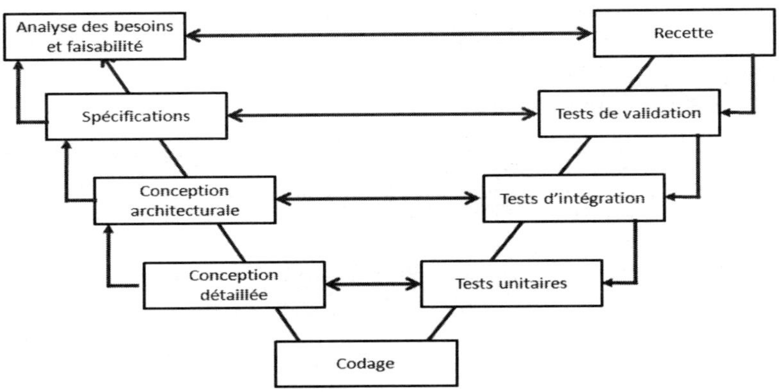

Figure 5. — Cascade (cycle en V)

Premières communications sur l'Itératif

C'est en 1986 que commencent vraiment les communications sur ce qui constitue aujourd'hui les bases du génie logiciel itératif, incrémental.

En janvier 1986, Hirotaka Takeuchi et Ikujiro Nonaka, professeurs à l'université de Hitosubashi au Japon, s'appuyaient sur les théories du Lean industriel (Toyota, Xerox, ...) et de l'ingénierie concourante (Figure 6) pour publier dans Harvard Business Review, en une dizaine de pages, sous le titre *The New New Product Development Game,* les fondements

---

[1] En 1979, je proposais *Speed Cobol,* un générateur de structure d'application propre et un outil d'incitation à la programmation structurée : une sorte d'OptimaJ ou de BlueAge, mais appliqué au Cobol de l'époque.

d'une métaphore du Rugby appliquée à la conduite de projets. L'idée semble en être restée là officiellement jusqu'en 1996.

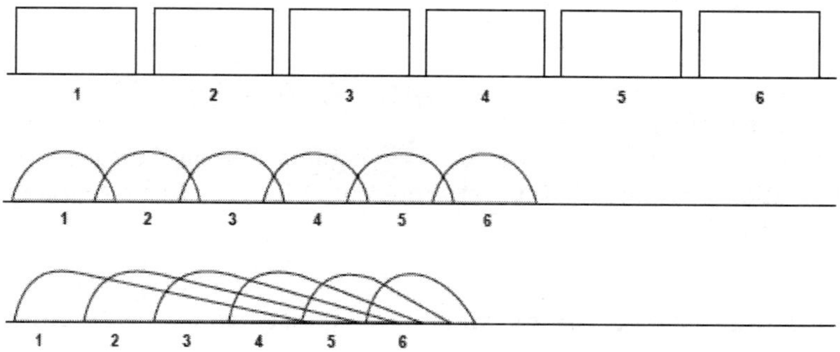

Figure 6. — Incrémental-Concourant (New product development game)

Au mois d'août 1986, Barry W. Boehm, de South California University, communiquait officiellement avec *A spiral model of software development and enhancement* sur l'idée d'un nouveau modèle de développement permettant de réduire les risques des projets et d'accroître la qualité applicative : *La Spirale (*Figure 7*)*.

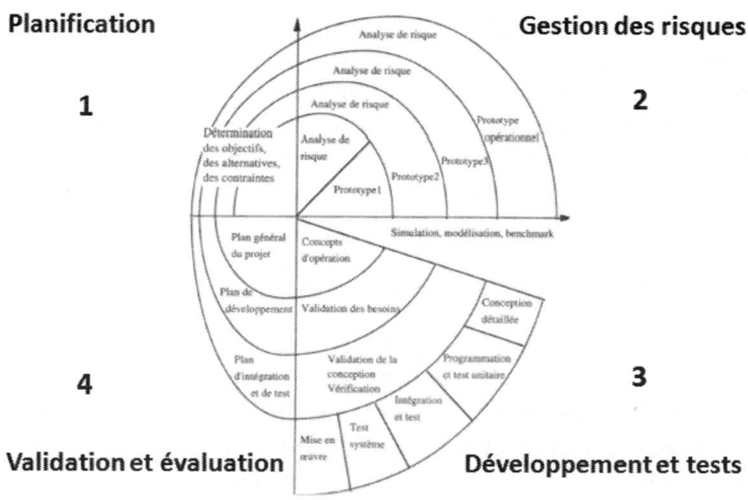

Figure 7. — Itératif et Incrémental (la Spirale)

Ce n'était pas la première communication traitant du principe itératif incrémental mais c'était la première matérialisation formalisée de sa mise en œuvre.

A la fin des années 80, les communications de James Martin[2], divulguaient les fondements du développement Itératif-Incrémental-Adaptatif (Figure 8), base des approches Agiles actuelles..

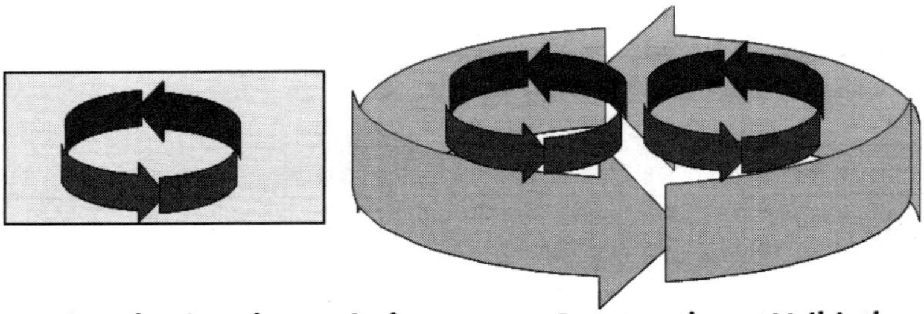

Figure 8. — Itératif, Incrémental, Adaptatif

RAD première méthode Agile publiée

Le support de mise en œuvre de la méthode RAD[3] (Figure 9). fut publié en 1991 sous la forme d'un guide complet de mise en œuvre : *Rapid Application Development*, édité par Macmillan et largement diffusé à l'échelle mondiale.

C'est sans conteste l'ouvrage le plus complet qu'il m'a été donné de lire traitant d'une méthode de génie logiciel. Il en justifiait les tenants et les aboutissants, en détaillait les conditions d'utilisation, en précisait les impacts de tous types. Un peu comme s'il avait été combiné en un seul document, *XP Explained, Scrum, Estimating and Planing, Pair Programming Illuminated, TDD* et de nombreuses statistiques de justification.

La méthode se répandit en Amérique du Nord.

C'est au Canada, entre 1989 et 1993, que je réalisais mes premiers projets avec cette approche hautement coopérative et adaptative, pour Hydro-Québec, puis les laboratoires Abbott et enfin Bell Mobilité Cellulaire.

Ce qui caractérise une méthode adaptative, c'est sa capacité à accepter les changements dans le cadre d'une métrique formelle de ceux-ci.

[2] Enseignant à l'Université d'Oxford

[3] Sans lien avec les outils qui utilisèrent ensuite l'acronyme à des fins le plus souvent uniquement marketing.

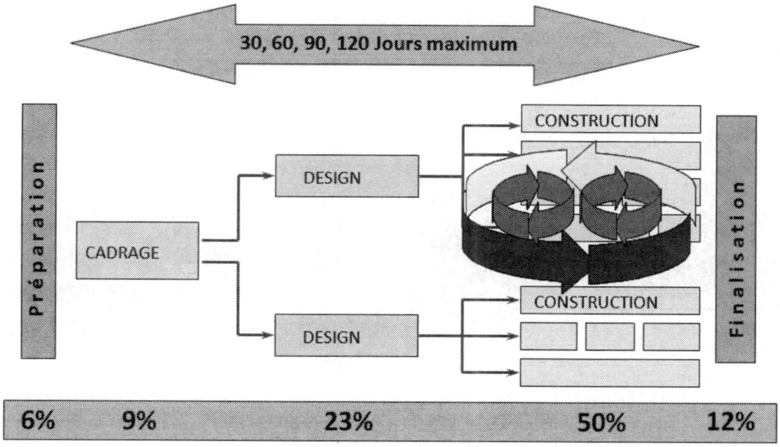

Figure 9. — Méthode RAD

RAD et DSDM, les évolutions

A partir de cette époque, sous la plume de Jean-Pierre Vickoff[4], des articles et publications commencèrent à en diffuser les principes en français. Le premier rapport de mise en œuvre fut publié par MGI en 1994 et le premier livre en 1996 par Macmillan l'éditeur de James Martin. Signe des temps, l'évolution des méthodes s'accéléra, mais cela n'autorise pas à en bricoler l'histoire.

La méthode RAD repose sur un cycle de vie semi-itératif, une construction incrémentale et des techniques adaptatives (à l'instar de XP ou de *Scrum* d'ailleurs[5] Figure 10).

Cet aspect est souvent mal compris des agilistes néophytes qui pensent que le RAD ne serait pas itératif et que *Scrum* ou XP le serait totalement.

Le mode semi-itératif est indispensable à la plupart des projets (lire à ce sujet « *The Decline and Fall of Agile* » sur le blog de James Shore). Le mode semi-itératif préserve en début de projet une réflexion minimum sur les contraintes du projet, l'expression globale des exigences, les

[4] J'utilise « je » pour exprimer mes avis et « Jean-Pierre Vickoff » pour les références officielles.

[5] Lire à ce sujet le billet : Le mythe de l'itératif sans concession sur http://agiles.blog.com

impacts organisationnels, l'architecture ainsi que l'estimation initiale et la planification des itérations.

En 1995 Jennifer Stapleton publia DSDM la version anglaise du RAD. Un peu plus tard, Yan Stoke en assura la promotion en France.

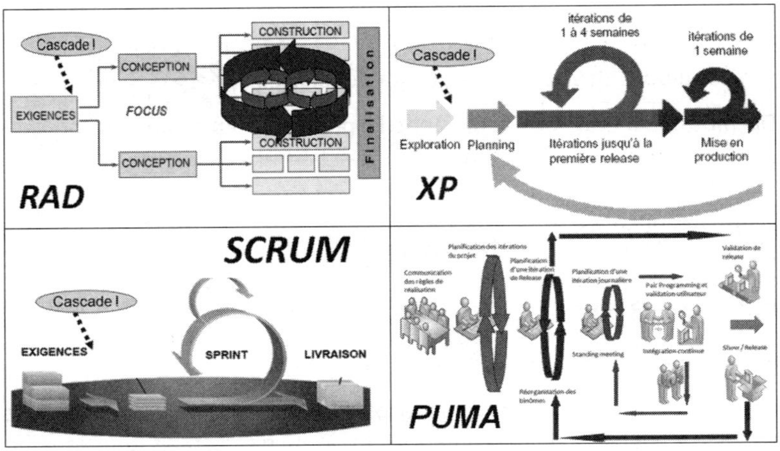

Figure 10. — Les méthodes Agiles sont semi-itératives

Scrum, RAD2 et eXtrême Programming

En 1996 Ken Shwarber et Jeff Sutherland reprirent les principes de *The New New Product Development Game* et publièrent les bases de *Scrum*, une méthode générique de conduite de projets n'incluant pas de pratique de génie logiciel.

En mai 1999, la méthode RAD parvenait à la maturité d'une deuxième génération[6]. Commandé et publié par le Gartner Group à Jean-Pierre Vickoff, RAD2 s'appuyait sur la formalisation de modes opératoires des techniques utilisées et d'un processus léger et adaptable recherchant la compatibilité avec le CMM niveau 5.

Merise disparue, en face, le seul opposant à défendre l'aspect prédictif et la complétude d'un processus lourdement outillé était RUP (*Rational Unified Process)* dont un des principaux contributeurs était le sympathique Philipped Krutchen passé depuis du « côté Agile de la force ».

[6] Comme XP et Scrum sont largement publicisés, les rappels sur RAD ont pour but d'apporter une vision historique.

RAD2 détaillant, étape après étape, la conduite de projet adaptative. Cette formalisation couvrait les aspects :

- diagnostic de l'organisation et du domaine ;
- mode opératoire des communications ;
- techniques de modélisation adaptative ;
- construction itérative incrémentale adaptative ;
- techniques structurées de qualité du logiciel.

De plus, ce n'était pas seulement le périmètre applicatif qui pouvait servir de variable d'ajustement[7], mais la modulation de 4 facteurs distincts permettant une planification stratégique fine[8] adaptée aux exigences du projet et de l'application envisagés (Figure 11).

La méthode RAD avec son minimum de formalisation des besoins et ses techniques de génie logiciel structurées mais non extrêmes, reste toujours une voie adaptée aux développements raisonnablement maîtrisés.

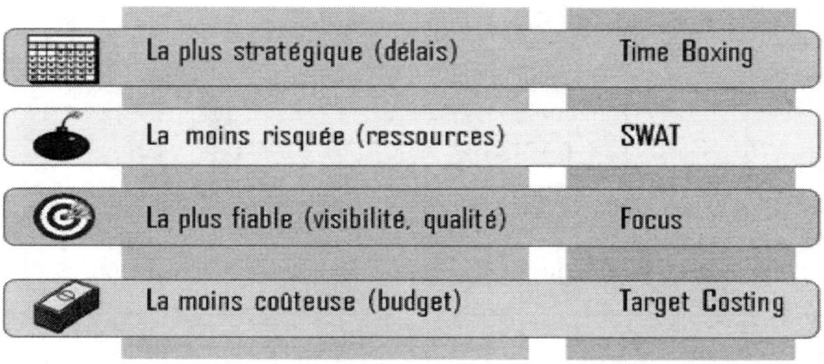

Figure 11. — Quatre variables de planification et d'ajustement

En octobre 1999 Kent Beck et Ron Jeffrie qui travaillaient sur un projet de refonte de la paie de Chrysler, officialisèrent la méthode *eXtrem Programming*. La particularité d'XP était de systématiser et de pousser à l'extrême 12 pratiques[9] de qualité du génie logiciel (détaillées plus avant dans cet ouvrage).

---

[7] En réaction aux débordements de temps et de coûts, facteurs d'ajustement des méthodes classiques.

[8] Instrumentée par un logiciel Evaluateur disponible sur RAD.fr

[9] Treize, en détaillant les tests, pour ceux qui ne sont pas superstitieux

La phase de Construction du RAD était identique à XP dans son principe, mais moins eXtrême dans la mise en œuvre de techniques de qualité du code. Si les tests systématiques et l'intégration continue étaient exigés, la programmation en binôme par exemple n'était pas imposée sauf pour les parties « sensibles » ou complexes de l'application.

C'est d'ailleurs cette similitude qui m'a autorisé à publier dès 2001 sous le titre de *RAD Construction Agile et XP* « Portant la programmation au rang d'une discipline collective, l'*eXtrem Programming* propose un ensemble cohérent de techniques apportant des solutions à la grande majorité des problèmes de performance et de qualité en matière de développement d'application. XP peut donc enrichir ou se substituer à la phase Construction (Figure 12) de la méthode RAD ». Au printemps 2001, Thierry Cross, le fondateur d'XP France et moi-même présentions RAD et XP dans le grand « amphi » de l'UNIL à Lausanne et je modifiais « *on the fly* » ma conférence pour faire état de cette complémentarité.

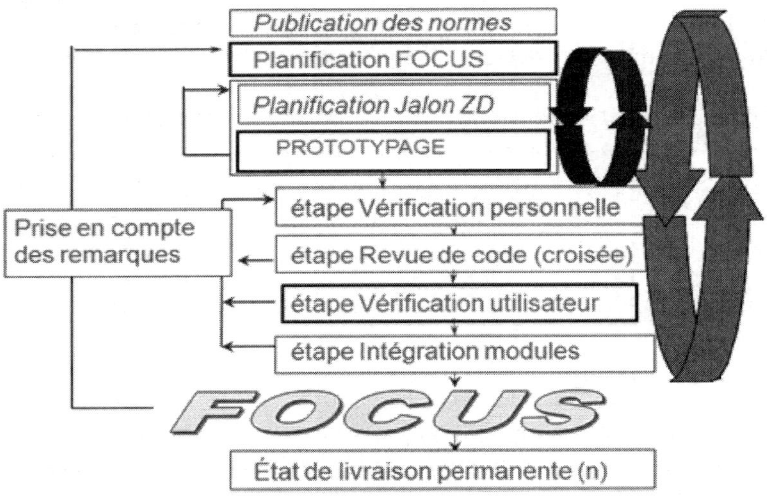

Figure 12. — Méthode RAD (Construction)

Une itération RAD comprend sa planification priorisée en terme de fonctionnalités à produire, ses validations permanentes (fonctionnelles et techniques), sa livraison et sa rétrospective (*Focus* ou *Show*).

La notion de prototypage « actif » recouvre la production et la « validation permanente » d'un produit livrable. Les itérations « Jalons ZD » (pour Zéro Défaut) correspondent aux tests, validations et intégrations journalières.

PUMA les origines

En septembre 2001 je rédigeais la communication initiale traitant de PUMA (Proposition pour l'Unification des Méthodes Agiles). Sa traduction fut alors expédiée aux tenants du mouvement Agiles et aux universités américaines.

En décembre 2001 *Développeur Référence* (IDG) me sollicita sur le sujet. Il utilisa d'ailleurs le graphisme du PUMA en couverture d'un numéro consacrant un dossier à cette méthode Agile novatrice. Cette proposition de composition d'une méthode à la carte fut ensuite reprise en 2002 par de nombreuses publications dont : *ADELI* (Lettre 48), *Forum Logiciel, Le Monde Informatique* , etc.

Initialement, PUMA consistait en une étude de toutes les méthodes Agiles publiées. Le but était d'isoler leurs pratiques communes et surtout de mettre en évidence leurs pratiques différenciatrices

Immédiatement la démarche XP me sembla représenter une avancée majeure pour la performance et la qualité des développements, aussi je proposais de la substituer à la phase de Construction du RAD pour ceux qui rechercheraient la qualité extrême en acceptant d'en payer le prix organisationnel.

Par contre, je ne trouvais rien de nouveau dans *Scrum* par rapport à RAD, à l'exception de la systématisation des rétrospectives.

A l'époque, Laurent Bossavit actuel président de XP France (devenu Agile Alliance France en 2009,) avait souhaité connaître ma position sur ce sujet. Je lui avais confié que je n'ignorais pas que les américains auteurs des méthodes Agiles ne souhaitaient pas fusionner et, que de toute façon, une telle proposition ne pouvait venir d'un étranger.

C'est sur ces bases qu'en 2008, j'ai proposé PUMA Essentiel (*Processus Urbanisant les Méthodes Agiles*), la première méthode Agile de troisième génération, urbanisée et optimisée.

Résumé

Les années 80 ont vu chuter IBM qui n'avait pas saisi la translation des préoccupations du matériel vers le logiciel. Les années 90 ont bousculé Microsoft qui n'avait pas anticipé l'importance de l'Internet.

Dans le même temps, la mondialisation impose aux entreprises un challenge mortel.

Avec le rachat par IBM de Rational, pour citer l'exemple informatique, ce sont les années méthodes qui s'initialisent.

L'objectif de PUMA est d'instrumenter un des futurs possibles.

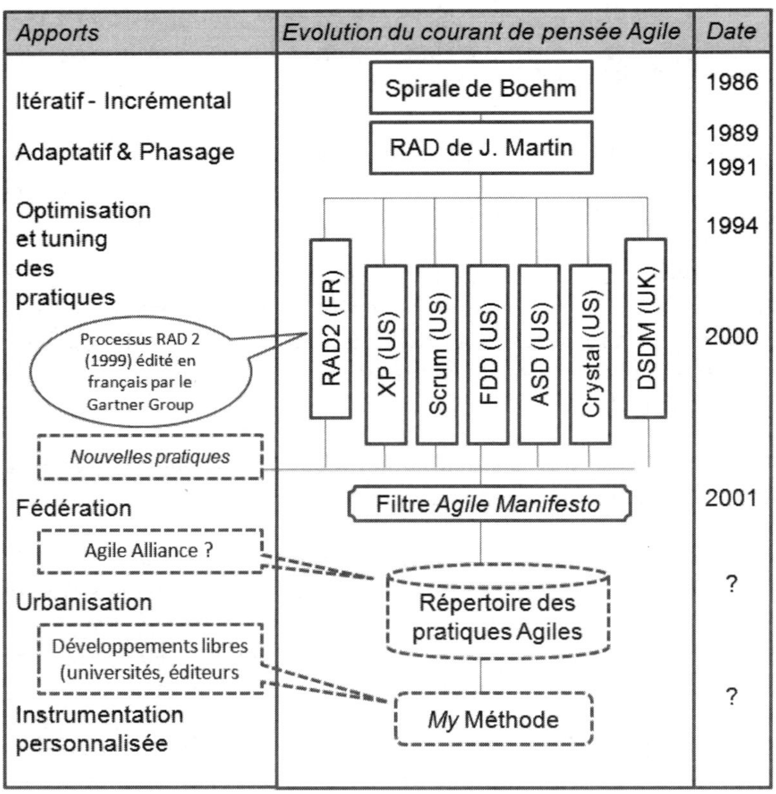

Figure 13. — En pointillé le futur probable des méthodes Agiles

AGILE Valeurs et Principes

Les Manifestes

AGILE Valeurs et Principes

Adaptatif versus prédictif

En 2001, aux États-Unis, dix-sept figures éminentes du développement logiciel se sont réunies pour débattre des éléments communs de leurs méthodes respectives. De cette réunion devait émerger le *Manifeste Agile*, considéré comme la définition canonique du développement Agile et de ses principes sous-jacents. Le Manifeste Agile est constitué de 4 valeurs et de 12 principes fondateurs (Figure 14) (traités infra).

Le Manifeste Agile débute par la déclaration suivante : « Nous avons trouvé une voie améliorant le développement logiciel en réalisant ce travail et en aidant les autres à le faire. De ce fait nous avons déduit des valeurs communes. » Une organisation chargée de promouvoir à l'échelle mondiale les valeurs et principes du Manifeste vit le jour sous la dénomination de « Agile Alliance ».

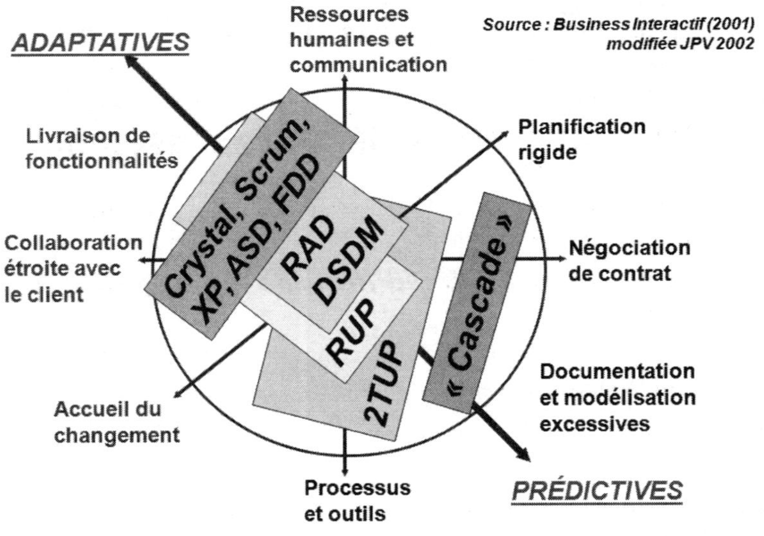

Figure 14. — Les 4 valeurs Agiles et l'opposition des méthodes

Les **quatre valeurs** fondamentales Agiles étaient déclarées être :

- L'interaction entre acteurs plutôt que les processus et les outils.
- Un produit opérationnel plutôt qu'une documentation pléthorique.
- La collaboration avec le client plutôt que la négociation de contrat.
- La réactivité face au changement plutôt que le suivi d'un plan.

Les **douze principes** fondamentaux Agiles étaient déclarés être :

- Notre première priorité est de satisfaire le client en livrant tôt et régulièrement des logiciels utiles.
- Le changement est accepté, même tardivement dans le développement. Les processus agiles exploitent le changement comme avantage compétitif pour le client.
- Livrer fréquemment une application fonctionnelle, toutes les deux semaines à deux mois, avec une tendance pour la période la plus courte.
- Les gens de l'art et les développeurs doivent collaborer quotidiennement au projet.
- Bâtissez le projet autour de personnes motivées. Donnez-leur l'environnement et le soutien dont elles ont besoin, et croyez en leur capacité à faire le travail.
- La méthode la plus efficace de transmettre l'information est une conversation en face à face.
- Un logiciel fonctionnel est la meilleure unité de mesure de la progression du projet.
- Les processus agiles préconisent un rythme de développement soutenable. Commanditaires, développeurs et utilisateurs devraient pouvoir maintenir le rythme indéfiniment.
- Une attention continue à l'excellence technique et à la qualité de la conception améliore l'agilité.
- La simplicité - l'art de maximiser la quantité de travail à ne pas faire - est essentielle.
- Les meilleures architectures, spécifications et conceptions sont issues d'équipes qui s'auto-organisent.
- À intervalle régulier, l'équipe réfléchit aux moyens de devenir plus efficace, puis accorde et ajuste son comportement dans ce sens.

C'est à partir de ces réalités pratiques, et non pas sur la base d'une théorie globale ou structurante, que l'Agilité progresse vers les sphères les plus hautes de l'organisation.

Les difficultés rencontrées lors de la mise en œuvre de l'agilité sont toujours le reflet de l'incapacité de l'organisation à accepter de résoudre ses conflits internes. Le degré de refus étant souvent variable et pouvant se situer de la simple réaction temporaire à un changement mineur au rejet brutal d'un changement considéré comme culturellement inacceptable. Le temps du changement est une période délicate où l'Agilité devient alors « l'Art du possible ».

Précisions et avertissements de mise en œuvre

> *L'Agilité représente souvent, en regard d'un processus lourd, un ensemble de raccourcis méthodologiques dont la caractéristique est une prise de risque, nécessitant pour être rationnellement maîtrisée, un haut niveau de compétence des intervenants.*

L'imprécision et le changement sont inquiétants pour un gestionnaire, mais ils sont inhérents aux activités complexes, donc au développement applicatif. Ces situations « floues » sont gérables, mais requièrent contrôle et adaptabilité mesurée.

La planification Agile dont la responsabilité incombe au « client » (le *Product owner*) ne se limite pas à organiser la production d'un simple incrément de valeur ajoutée mais se focalise sur la recherche du plus important retour sur investissement possible, en l'instant.

La liste de l'ensemble des exigences à produire *(Backlog) est* affichée de manière visible de tous. Chaque exigence est priorisée par le client et estimée en termes de charges et de risques par l'équipe de développement.

Les exigences sont reconsidérées systématiquement en cours de développement car elles sont susceptibles d'être altérées par la réalité de l'évolution des besoins.

Le monitoring et le reporting Agiles (ou suivi), s'effectuent sur des exigences livrées et non sur des tâches en cours. Comme pour l'ensemble des pratiques Agiles, le monitoring et le reporting Agiles ne sont pas l'affaire d'un chef de projet ou d'une ressource dédiée, mais de la responsabilité de toute l'équipe (SWAT).

Le monitoring est réalisé en temps réels par chaque personne impliquée dans une action. L'ensemble des indicateurs du reporting est visible par tous sur un « Radiateur d'informations » (*Information radiator*) sur les murs de la pièce consacrée au projet (*War room*).

Si, en théorie, il ne devrait pas y avoir de chef dans un projet Agile, nous savons tous que les dirigeants des grandes organisations et, souvent aussi des plus petites, exigent d'avoir un interlocuteur privilégié (et surtout responsable).

Note : pour divers aspects humanistes et Agiles, je recommande le blog de Frédéric Doillon (http://www.fredericdoillon.com).

Deux manières d'aborder le sujet sont envisageables :

- Soit tous les membres de l'équipe sont des concepteurs développeurs et c'est un choix de l'équipe de confier cette mission à l'un de ses membres le plus à même de la représenter ou d'organiser une rotation.
- Soit il a été mandaté pour cette tâche un gestionnaire de projet ne participant pas au développement, donc coupé de ses réalités et souvent de ses techniques réelles. Dans ce cas, celui-ci ne devra pas intervenir dans les choix de l'équipe qu'ils soient techniques ou autres.

C'est cela l'Agilité en développement applicatif. Si une organisation ne veut pas respecter ce principe qu'elle ne se targue pas d'être Agile et ne s'étonne pas ensuite en cas de déception.

Pour résumer, l'Agilité, c'est de l'intelligence organisationnelle et technologique, que l'on couple à de l'énergie collective, afin d'obtenir de l'efficience au futur immédiat.

L'Agilité, c'est la « glasnost » et la « perestroïka » du management de projet.

Par contre, de même que les différents courants de l'Objet se sont fusionnés pour offrir le standard UM, il serait raisonnable que les méthodes Agiles s'intègrent sans pour autant perdre la diversité de leurs préoccupations et la complémentarité de leurs pratiques. Cela sera d'autant plus nécessaire que l'Agilité a désormais pour ambition d'améliorer le management des couches supérieures de l'organisation.

Déclaration d'interdépendance

En 2005, toujours aux USA un certain nombre d'acteurs signifiants du monde Agile signent une « Déclaration d'interdépendance » qui se résume à six concepts : valeur, incertitude, client, individu, équipe, contexte. En synthèse :

- Il ne peut être créé de valeur sans la collaboration d'un client pouvant définir précisément ce qui est représentatif de sa notion de valeur à un moment déterminé.
- La performance d'une équipe est directement fonction de la motivation rationnelle de ses membres dont l'appréciation et la récompense doivent respecter le niveau de leur contribution.
- L'incertitude et le risque ne se maîtrisent qu'en fonction de la compréhension de la spécificité de chaque contexte.

Le manifeste de l'entreprise Agile

Voici alors, à l'instar de l'*Agile Manifesto* malheureusement limité aux aspects du développement applicatif, ce que pourrait être le manifeste de l'entreprise Agile :

- En matière de processus, la philosophie de l'entreprise Agile est « *The one best way* » : les processus sont modélisés, simplifiés, reconfigurés en continu.
- En matière de ressources humaines, la technique de l'entreprise Agile est « *Empowerment* » : l'autonomie des groupes de travail assure la régulation globale des micro-changements.
- En matière d'automatisation, le principe de l'entreprise Agile est « *High-tech, High*-touch » : l'usage rationnel des technologies émergentes est anticipé systématiquement.

En résumé, une vision réellement coopérative du management :

- instrumentée par l'implication rationnelle de l'ensemble des ressources humaines ;
- permettant de maîtriser en continu la complexité de détail (aux fins d'adapter dynamiquement l'organisation à l'accélération du changement) ;
- caractérisée par une constante projection dans l'avenir imposant l'obligation d'innover perpétuellement en adaptant les structures et les processus à cette innovation.

Des chiffres pour convaincre

Priorité à la construction de valeur

Des chiffres pour convaincre

En matière de justifications de l'intérêt des pratiques Agiles nous nous heurtons à l'absence de statistiques locales. Déjà dans les années 90, même lorsque les projets basés sur une approche Agile (RAD ou DSDM) étaient des succès, les entreprises françaises refusaient de communiquer. Sur ce point les choses n'ont pas vraiment changé, sauf quelques exceptions, cela nous amène à nous référer à des statistiques et des exemples ayant pour origine des publications nord-américaines.

Statistiques Agiles

Si les méthodes agiles paraissent révolutionnaires, il ne s'agit de rien d'autre, comme le précise la page d'accueil de l'Agile Alliance, que de la formulation de principes issus du bon sens et de l'expérience acquise par la pratique de développeurs et de chefs de projets chevronnés durant les années 90.

Cette pertinence issue du terrain devrait rassurer ; mais cependant, les sondages mettent en évidence la persistance de doutes techniques (Figure 15).

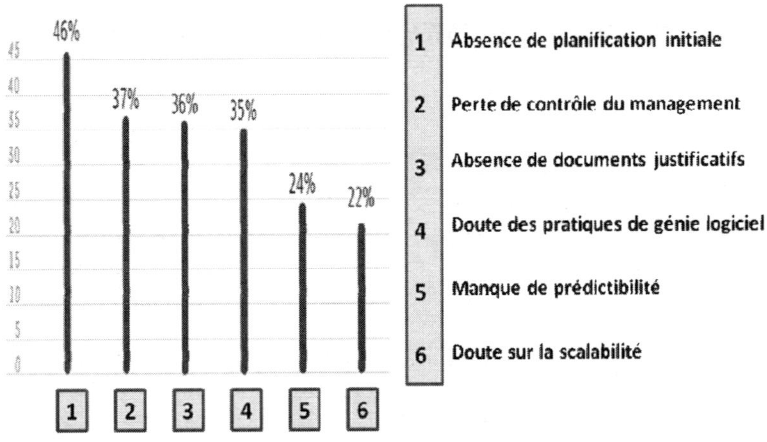

Figure 15. — Doutes techniques (Survey 2007 Version One)

Par contre, c'est la dimension sociologique sous-jacente et la remise en question de l'organisation hiérarchique du travail qui freinent actuellement leur adoption (Figure 16).

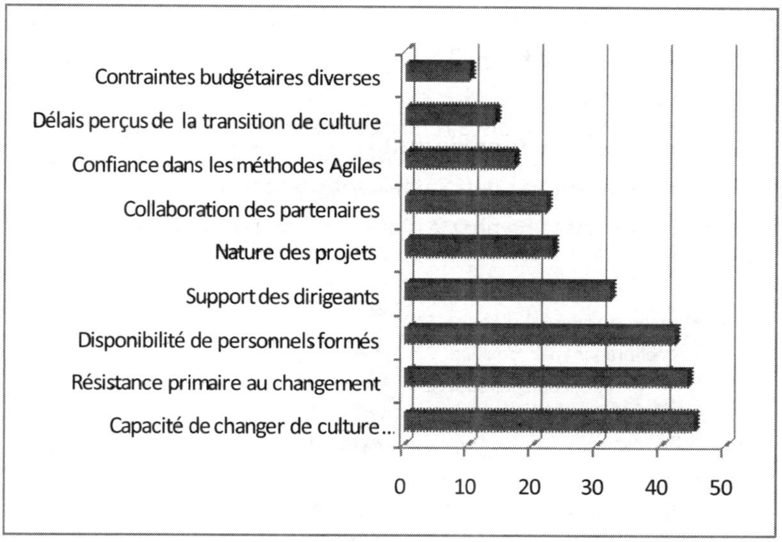

Figure 16. — Doutes organisationnels (Version One, 2007)

Comme le fait remarquer à juste titre Emmanuel Etasse sur son blog « Le manifeste Agile ne propose aucune solution toute faite, pas de processus, pas d'outils non plus... vous y trouverez tout simplement des VALEURS. L'histoire des constructeurs automobiles américains copiant en vain les procédés de Toyota (approche Lean) montre que les richesses d'une entreprise sont parfois invisibles, trop subtiles pour être photographiées. Une culture, un état d'esprit, ça prend un certain temps pour se construire. Aussi, n'attendez pas des résultats immédiats, mais préparez-vous à investir aujourd'hui pour demain. Beaucoup de courants de pensée (en dehors du développement logiciel) alliant performance, humanisme et écologie m'incitent à croire que la complexité grandissante de notre monde nous condamne à nous remettre en question un peu plus chaque jour. »

A ce sujet, les avantages recherchés et obtenus sont pourtant flagrants comme année après année les sondages de plus en plus populaires et significatifs le démontrent (Figure 18).

Pour sa part, le Gartner Group, à partir de ses propres enquêtes, considère que « les approches Agiles permettent d'obtenir le leadership industriel ». L'Agilité est donc devenue un composant critique du succès et, dans le même temps, son adoption a atteint un point d'inflexion.

Le cabinet Forrester dans son rapport *Total Economic Impact Studies* analyse les résultats obtenus par un panel de 131 entreprises pilotées sur la base de techniques Agiles :

- 49% ont constaté une réduction des coûts d'opérations ;
- 93% ont constaté une productivité notablement améliorée ;
- 88% ont constaté une nette amélioration de la qualité ;
- 83% ont constaté une progression de la satisfaction des clients.

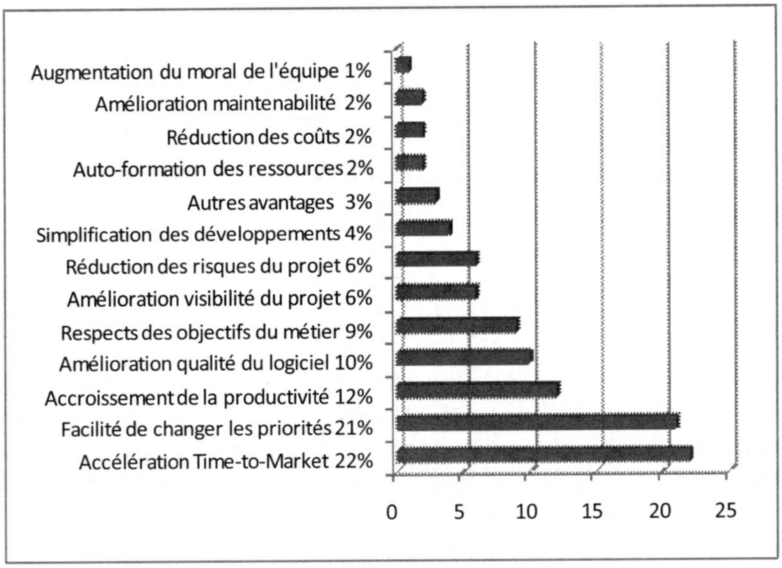

Figure 17. — Avantages recherchés (Survey 2007 version One)

Dans tous les cas, les principaux atouts d'un processus Agile mis en évidence étaient les suivants (Figure 18):

- Accroissement de la productivité,
- Réduction du « *time to market* »,
- Avantages compétitifs liés à la réactivité au changement,
- Amélioration forte de la qualité,
- Economie par réduction des déperditions de ressources.

En 2008, 2 319 entreprises (80 pays) ont accepté de répondre à une enquête de *VersionOne* sponsorisée par l'*Agile Alliance*.

Ces chiffres pris « à la base » ne divergeaient pas de ceux obtenus par les grands cabinets de prospective. Le plus récent « *Agile survey* » précédant portait sur 71 pays en 2007 (avec 60% d'accroissement depuis 2006).

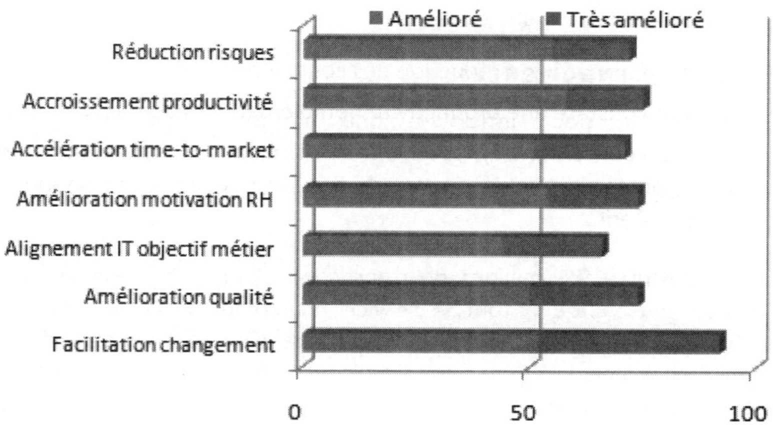

Figure 18. — Avantages obtenus

De ce fait, les entreprises ont donc commencé à quantifier les avantages obtenus avec l'Agilité sur le moyen terme et certaines les publicisent et les utilisent comme facteur de différenciation concurrentielle.

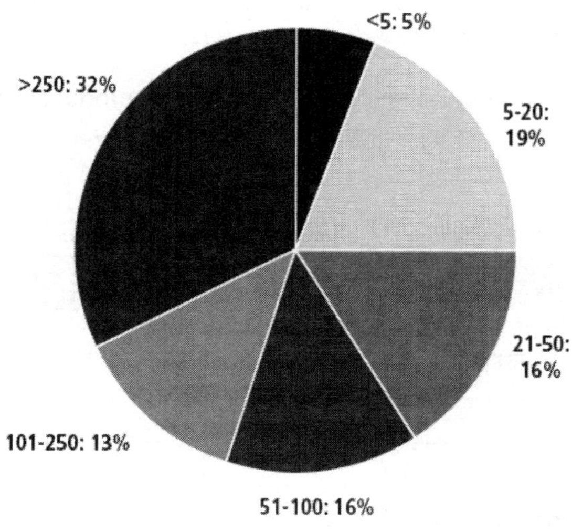

Figure 19. — Nombre d'informaticiens des services développement

Selon Dr. Dobb's *(http://www.ddj.com)* aux USA en matière de développement NTIC, 41% des organisations ont déjà adopté une méthode Agile et 65% une ou plusieurs techniques Agiles indépendantes. En 2006 le *survey* de Scott Ambler (le fondateur de l'Agile Alliance) « *Agile Adoption Rates* » portait sur 4 232 entreprises contre seulement 131 en 2003.

Retours d'expériences

Généralement, pour introduire une méthode Agile dans une organisation conservatrice, il est conseillé d'initialiser la transition par un projet pilote de quelques mois, de faire le bilan puis de continuer progressivement.

Chez Salesforce (85 millions de transactions journalières émises par 646 000 souscripteurs) tout le service recherche et développement (200 personnes) est passé d'une méthode classique en cascade à l'Agilité en 3 mois ! Le « big bang » agile. La difficulté d'une transition à cette échelle a été surmontée par une implication totale de la direction. Après coup, 80% des acteurs de ce changement considèrent la nouvelle méthode comme plus efficace.

Note : dans un récent projet pour FT Orange concernant la migration de son application « Prise de commandes des lignes mobiles », une équipe a pu démontrer la pertinence d'une approche Agile. En deux mois une évolution majeure du périmètre fonctionnel de l'application a été obtenue simultanément à la résolution des problèmes de qualité technique du code et de « scalabilité » de l'architecture.

Ces pratiques conduisent à une augmentation concrète de productivité mesurée en réduction d'heures travaillées par point de fonction produit (Tableau suivant).

Tableau 1. — Augmentation en productivité du développement

Application/Méthode	Traditionnelle	Agile
Client-Serveur	6,5	4,2
Mainframe	8,1	7,0
Web	4,8	3,2
E-Business	6,6	5,8

Pour les grandes organisations, la plupart des réponses aux préoccupations de communications se trouvent dans l'implémentation de PUMA.

Quelques exemples

Un exemple marquant des possibilités de performance liées aux approches Agiles a été donné récemment par British Telecom, comme en fait état une communication émanant de Borland intitulée *Des méthodes Agiles pour des budgets fragiles* : « En implémentant un premier projet d'Agilité en juin 2005, British Telecom s'est clairement positionnée aux avant-postes de l'industrie. »

Roger Leaton, promoteur du développement Agile au sein de British Telecom, déclare : « L'approche consiste à identifier le plus petit élément livrable susceptible de générer de la valeur métier. Nous avançons ensuite par petites étapes et les membres de l'équipe recueillent systématiquement les retours d'expérience des utilisateurs avant de passer à l'étape suivante. Ce sont les départements fonctionnels qui fixent les priorités et l'équipe informatique indique ensuite le degré de faisabilité de chaque projet. Les équipes de développement Agile travaillent sur un cycle de livraison de 90 jours. Cette approche s'avère réellement payante lorsqu'elle est correctement implémentée : réduction des délais de livraison, optimisation du logiciel et parfaite adéquation aux besoins du métier. »

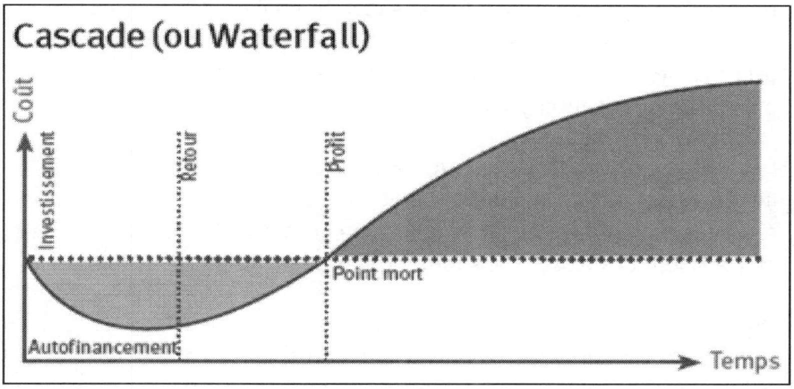

Figure 20. — ROI de projets conventionnels

Selon un autre acteur du projet, Brian Hanly, « l'expérience tendrait à montrer que la valeur métier obtenue au bout de neuf mois avec les approches classiques peut être réalisée en seulement trois avec une approche Agile ».

Ce résultat a été obtenu par une division des grands projets en sous-ensembles autonomes, rapidement livrés et implémentés. La génération de valeur s'exprime dans la Figure 21.

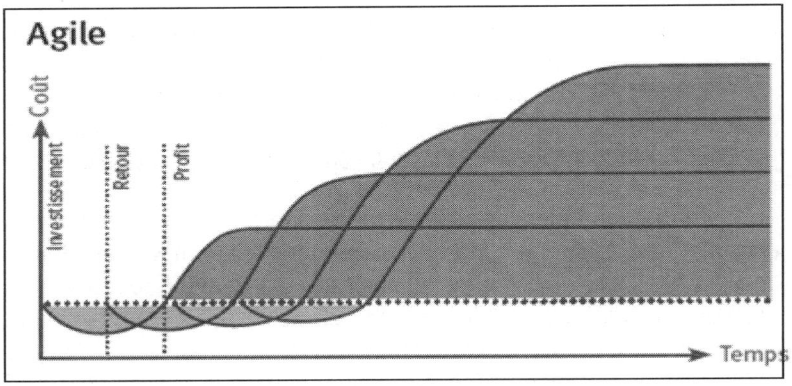

Figure 21. — ROI de projets approche Agile

Plus que surpris lui-même du résultat, le chef du premier grand projet Agile de Boeing annonce l'avoir mené à bien sur la base de 4 années-homme en regard de 60 planifiées avec l'approche classique. Hewlett-Packard a déclaré avoir obtenu un effet multiplicateur de 3x (www.agilemanagement.net). Des gains de l'ordre de 8x ont aussi été rapportés dans des conditions exceptionnelles de motivation. Au Canada, lors de forfaits pour des SSCI, 50% de l'accroissement de productivité étaient retournés à l'équipe sous formes de primes qui pouvaient représenter plusieurs mois de salaires.

Dès 1997, je publiais sur le succès du développement itératif-incrémental à Hydro-Québec puis à Bell Mobilité Cellulaire. Ces réussites étaient basées sur la validation permanente des utilisateurs et respectaient des dimensions temporelles de 30, 60, 90 et 120 jours.

Durant les *XP Days* 2007 France, des dizaines d'entreprises étaient présentes. Certaines, et pas des moindres, notamment TOTAL, ont officiellement fait état de leur succès en matière de conduite de projet Agile. Les *XP Days* 2008 ont confirmé cette tendance.

La principale question posée au sujet des développements Agiles concerne l'avantage économique qu'il est possible d'en tirer. Selon mon expérience, la réduction de charge est rarement supérieure à 10% ou 15% par rapport à un développement classique bien organisé. Par contre, le gain en délai est considérable : de 30% à 60% selon l'environnement (chiffres très conservateurs).

De plus, cette compression du temps est souvent le facteur recherché par une organisation devant faire face à un grand changement ou à une problématique de différenciation concurrentielle. Généralement dans ce dernier cas le facteur coût initial est d'une importance secondaire, d'autant que les techniques Agiles permettent d'accélérer considérablement le ROI si la possibilité de livraison en fonctionnalités partielles se couple avec celle d'usage immédiat de la partie livrée.

Au lieu de continuer à poursuivre les objectifs traditionnels de l'ingénierie du logiciel, c'est-à-dire la reproductibilité et la prévisibilité, avec l'Agilité l'accent est mis sur l'adaptabilité, la qualité et la création de valeur.

Comme on l'imagine, le choix d'une méthode de développement logiciel a une influence significative sur l'estimation des coûts et des délais des projets.

Les spécialistes impliqués dans l'*Agile Manifesto* se sont basés sur le constat qu'il existe très peu de projets informatiques pour lesquels les exigences sont clairement et précisément définies avant le lancement des travaux. Or, les études menées par B. Boehm et corroborées par les enquêtes du Standish Group démontrent qu'une mauvaise gestion des exigences accroît considérablement les risques d'échec du projet.

Une étude menée sur 107 projets a montré que, en termes d'exigences, seulement 18% des applicatifs étaient en mesure d'être définis précisément en début de projet et réalisés en une seule itération.

Pour faire face à cet état de fait, les méthodes Agiles accentuent la réactivité aux changements intervenant en cours du développement. Le client final est donc impliqué dans toutes les étapes du développement d'une application. Simultanément, il la valide et se l'approprie. **Sa présence permet aussi de réduire les contraintes de formalisation.**

Mettre en œuvre l'Agilité requiert donc courage et motivation ou bien restriction budgétaire et obligation de résultat. Idéalement, le processus devrait être initié conjointement par les directions opérationnelles et la direction informatique sous l'égide d'un « facilitateur » répondant à une instance supérieure.

Dans un contexte économique qui se radicalise, l'Agilité devient donc l'outil de la compétitivité. La réussite des projets est désormais vitale, les principes d'efficience finiront donc par être acceptés. Espérons que le réveil ne sera pas trop difficile pour certains et trop tardif pour les autres.

Piloter par les enjeux et les risques

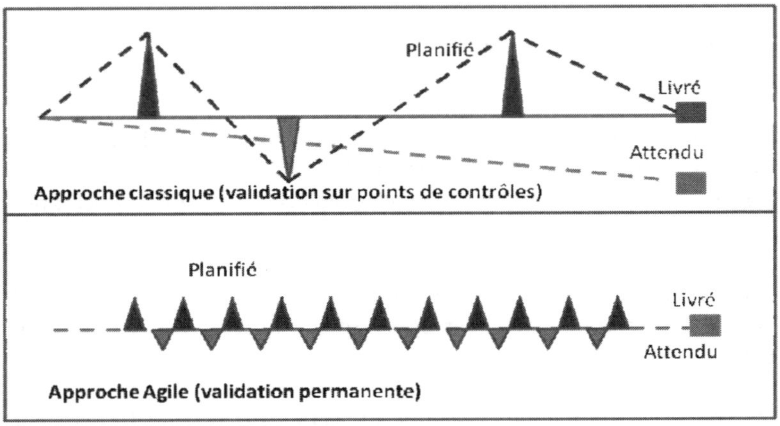

Figure 22. — Cheminements classique et Agile

La qualité de la préparation et de l'exécution de ses projets caractérise la capacité d'une organisation à maîtriser son avenir. Abordé sous cet angle, l'échec du projet révèle une situation grave dont les causes doivent être impérativement éradiquées avant toute autre tentative.

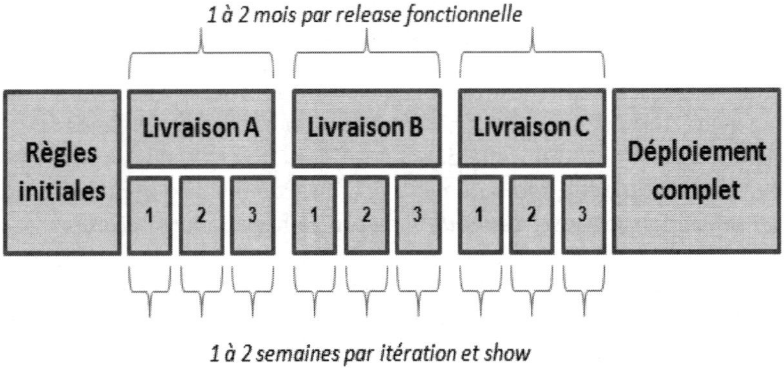

Figure 23. — Pratique de livraison continue

Piloter par les enjeux et les risques, c'est vérifier régulièrement que les enjeux subsistent et que les risques se maintiennent dans des limites acceptables. En synthèse financière, le retour sur investissement d'un projet doit toujours rester démontrable.

Les projets impliquant des technologies innovantes sont aussi, de par leur nature, très sensibles aux risques qui devront être gérés comme des facteurs déterminants du pilotage. En matière d'obtention de la solution, la Figure 22 matérialise la différence de cheminement entre méthode classique et approche Agile.

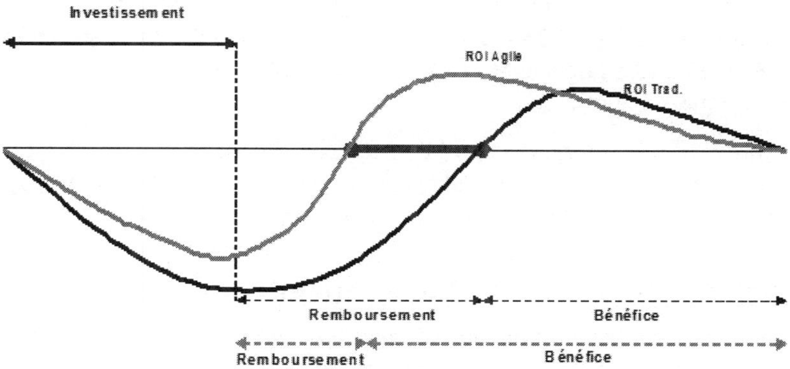

Figure 24. — Accélération du ROI

Malheureusement, les méthodes classiques de conduite de projets orientées « gestion des ressources » intègrent difficilement ces aspects qu'il faut pourtant prendre en compte dès la première phase du projet lors de l'expression des besoins (d'où la nouvelle structure de gestion des exigences).

Tableau 2. — Différence entre le bricolage et la technique

« Bidouilleur »	« Agiliste »
Évite de planifier et ne contrôle pas son temps	Planification dynamique et point du reste à faire
Tests brouillons	*Test Driven Development*
Communique uniquement en situation de blocage	Communication intensive et partage de la connaissance
N'informe pas ses supérieurs des difficultés rencontrées	Décisions démocratiques et mode coopératif intensif

C'est ensuite dans la notion de « livraison fréquente » que la dynamique Agile démontrera sa capacité de maîtrise des développements importants et complexes (Figure 23, remaniée de la version de Laurent Vergnol du Centre de recherche Henry-Tudor au Luxembourg).

Pourtant, la méthode bien comprise ne s'apparente pas au principe du tout ou rien, et l'aspect Agile n'exclut pas une rigueur absolue comme le montre le Tableau 2 (source Laurent Vergnol).

Une démarche intelligente adapte le « niveau de service méthode » à la typologie du besoin. Ce dimensionnement économique de l'effort permet alors de préserver la base de rigueur indispensable au pilotage sécurisé des projets. C'est une réponse à l'ensemble de ces aspects que l'Agilité dans le principe et PUMA comme outil opérationnel proposent aux projets actuels.

Note : de très intéressantes références concernant le ROI des projets Agiles se trouvent sur http://blog.developpez.com/bruno-orsier/ le blog de Bruno Orsier « Devenez des chercheurs d'or agiles ».

Agilité relative et méthode formelle

> *L'Agilité en matière de développement est un phénomène récent, à la fois cadre méthodologique, pilotage projet, outil de communication, technique de qualité et choix de modélisation.*

Jusqu'à maintenant, les méthodes se distinguaient par leur approche monolithique des problèmes. On décomposait la structure (*top-down*) ou l'on élaborait à partir des besoins (*bottom-up*).

Une approche exclusivement par les besoins a l'avantage d'offrir une réponse immédiate à un utilisateur. L'organisation travaille alors au coup par coup sans disposer de recul pour élaborer une vision directrice. Il en résulte le plus souvent, outre le gaspillage de ressources, une multiplicité d'applications partiellement redondantes sans intégrité référentielle. L'aboutissement est en général la perte de contrôle du système d'information ou le déploiement d'efforts démesurés pour maintenir un semblant de cohérence.

Une approche exclusivement par la structure (style cascade) a pour contrepartie l'accroissement du temps de conception. Dans les méthodes basées sur des cycles de validation en cascade, il faut en effet prendre le temps de formaliser chaque niveau et ensuite celui de les contrôler les uns par rapport aux autres. Dans le cas de modifications, d'omissions ou de compléments, naturellement induits par la durée de ces opérations, il est de plus nécessaire de procéder à de nombreux allers-retours dans le cycle de production.

Pour profiter opportunément des avantages relatifs aux deux tendances, lors des projets en justifiant la nécessité, PUMA autorise l'abandon partiel du mode totalement itératif. Ce mode semi-itératif se matérialise par le couplage d'une méthode de conduite de l'évolution (pour concevoir la solution) à une méthode Agile (pour développer la solution).

L'organisation est donc appréhendée par une approche garantissant la cohérence systémique. C'est lors de la phase de réalisation que les techniques Agiles de construction itérative-incrémentale et adaptative (Figure 25) s'imposent afin de réaliser et de valider dans le détail l'adéquation du produit aux exigences des utilisateurs finaux.

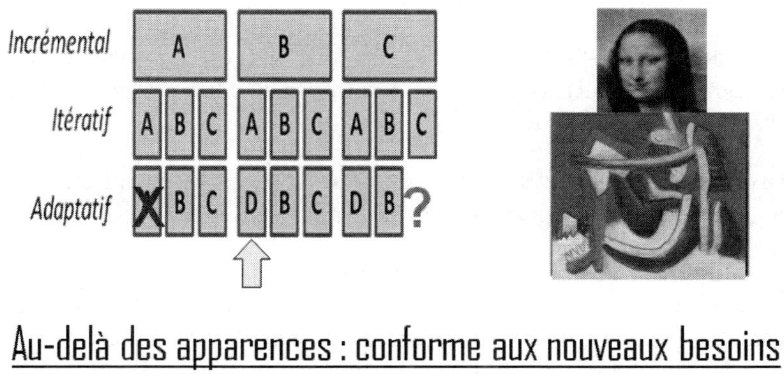

Figure 25. — Agile = Itératif +Incrémental+Adaptatif

En résumé, opportuniste et prudent, PUMA s'appuie d'abord sur une approche systémique (*top-down*) dans la première partie de sa mise en œuvre : les phases de Vision et de Cadrage. Ces phases correspondent à une analyse, étendue aux aspects stratégiques, fonctionnels, organisationnels, technologiques et financiers.

Lors de la seconde partie du projet, les phases de spécifications et d'obtention de la solution, PUMA plonge au cœur des besoins pour construire une application répondant à tous les critères de qualité et de conformité fonctionnelle et technique. Et ce, jusque dans le moindre détail des attentes d'un utilisateur, participant actif depuis le début du projet.

Le développement Agile implique aussi un environnement spécifique de travail où les aspects visuels sont accentués au maximum.

En matière de qualité, de performance et de délais, rien ne saurait remplacer le mode plateau projet.

Les hommes de l'équipe Agile

L'ensemble du cycle de développement doit être réalisé par une équipe de base, totalement engagée dans son projet et en total accord avec la méthode qu'elle emploie.

La base de l'équipe Agile est un petit groupe d'informaticiens expérimentés qui doit avoir le sens de son identité. Point important et presque toujours mal compris : les ressources doivent intervenir simultanément dès le début réel du projet informatique. Leur compréhension est alors globale et unique. Les utilisateurs ne sont pas sollicités à de nombreuses reprises.

Lors de la modélisation détaillée, si le projet est conséquent, ces ressources se spécialisent dans un sous-projet pour entrer « *just in time* » dans le flot du détail.

La formalisation et le transfert des informations sont minimisés ainsi que les risques d'erreurs inhérents à ces activités.

Faire produire des dossiers détaillés par les uns, puis faire développer l'applicatif par les autres introduit un risque d'interprétation. L'étape est non seulement coûteuse, mais les documents produits sont inutilisables dans un développement moderne. À l'exception du descriptif du périmètre global, dans un projet moderne, tout besoin détaillé doit s'exprimer sous la forme d'une modélisation. Ces constats justifient la notion d'équipe unique comme l'une des pratiques fondamentales d'un développement Agile.

Dans de nombreux domaines de l'informatique de gestion, la recherche de la perfection est une dangereuse chimère. La recherche d'une qualité optimale dans un contexte donné en fonction de contraintes précises est en fait le seul but pouvant être atteint. Cet abandon de la notion de perfection est le principe le plus dur à accepter intellectuellement pour l'esprit logique d'un informaticien. C'est pourtant la recherche de l'absolu qui amène des projets à se perdre « corps et biens ».

Refuser la demande d'un utilisateur n'est pas chose aisée. Il est préférable, pour éviter un traumatisme, d'obtenir un renoncement de sa part. Pour rendre cette situation possible, il faut chiffrer le coût de chaque fonctionnalité.

L'enveloppe budgétaire doit être confiée à l'utilisateur. Celui-ci prend alors conscience de la somme dont il dispose et du coût de ses besoins.

De lui-même, il s'impose des priorités. Si cela est possible et vraiment indispensable, il propose un budget additionnel. Souvent cela implique aussi de négocier les délais.

La gestion du budget en regard des fonctionnalités doit être le dilemme du client (l'utilisateur), pas celui de l'informaticien.

Le pilotage par les directions opérationnelles, à partir du budget et des délais, est la seule façon de conduire un projet qui puisse faire face à la complexité des développements modernes.

Un des autres dilemmes de l'informaticien se situe en regard de l'organisation qu'il doit informatiser. Bien souvent la formalisation des flux, lorsqu'elle est effectuée pour la première fois, fait apparaître des dysfonctionnements.

Dans de nombreuses entreprises nord-américaines, chaque projet informatique était précédé d'une étude des processus qui permettait d'adapter le système à la nécessité de nouvelles conditions de travail. Dans une entreprise en évolution permanente cela se concrétisait par un léger « tuning » et non par une réorganisation majeure.

Spécificités de la gouvernance Agile

L'Agilité est une réponse à un défi. C'est globalement un projet de société permettant de déterminer une volonté de lutter pour s'améliorer dans un monde ouvert.

À la base de l'action Agile, se situe un mode coopératif réel. En revanche, vouloir initier un mouvement Agile sans impliquer à égalité de responsabilité l'ensemble des intervenants représente la faute à ne pas commettre. Lorsque l'Agilité est dévoyée par l'une des parties d'un projet comme levier de pouvoir, l'échec se profile par abandon du mode coopératif et désengagement des parties lésées.

De ce constat, il découle que l'Agilité organisationnelle requiert des modes de collaboration et d'engagement des responsabilités qui ne sont, dans la réalité des sociétés hiérarchisées, que très rarement obtenus sans être initiés et arbitrés par une instance supérieure.

Un autre aspect mal accepté de l'Agilité est la notion de responsabilité collective. Les modes classiques de gestion de projet sont basés sur des principes de validation en cascade des livrables intermédiaires et sur la désignation d'un responsable unique. Cette approche est le reflet d'un mode de pensée hiérarchique qui se justifie par la notion de responsabilité individuelle.

Le mode Agile, quant à lui, implique un engagement consensuel et une responsabilité collective qui induisent une appropriation du projet par tous les acteurs.

Vouloir l'Agilité sans les formes d'engagement et de gouvernance qu'elle implique, constitue la faute fatale. Imposer l'Agilité dans une organisation qui n'en accepte pas les valeurs conduit à introduire le chaos tout en supprimant les garde-fous du modèle classique.

Comme l'exprime une célèbre métaphore : la vitesse et la puissance ne sont rien sans le contrôle et ne conduisent qu'à l'accident.

Dans un autre registre, parler d'Agilité sans en mettre en œuvre les vrais principes est une situation moins dangereuse à court terme mais tout aussi courante. Certains voudraient ramener l'Agilité à des concepts connus comme « attitude » ou « savoir être », mais l'Agilité ne découle pas d'un mode de pensée cartésien.

L'Agilité est une philosophie de l'action, un engagement dynamique et consensuel, basé sur un mode de travail itératif et incrémental induisant naturellement une responsabilité collective.

L'Agilité serait donc un principe de solutions simples réglant avec rigueur des problèmes complexes ; et, selon les « pensées de Dilbert », ne signifierait pas systématiquement « effectuer plus de travail avec moins de gens ». C'est à partir de ces réalités pratiques, et non pas sur la base d'une théorie globale ou structurante, que l'Agilité progresse vers les sphères les plus hautes de l'organisation.

Une équipe Agile doit être une unité polyvalente en termes de connaissances. Autonome et autogérée (*Task force, Swat*), elle doit disposer de l'ensemble des compétences nécessaires à la réalisation de son objectif et pratiquer dans un environnement de travail optimal.

« *It's incredibly shortsighted to take expensive engineers performing important work and to hobble them with inadequate tools and infrastructure* »

XP et Scrum

Principes et techniques

XP eXtrême Programming

En 1996, lors d'un projet à Daimler Chrysler, Kent Beck, Ward Cunningham et Ron Jeffries poussent à l'extrême les meilleures pratiques de développement préconisées par la méthode RAD et en proposent des variantes. La méthode naît officiellement en octobre 1999 avec « Extrem Programming Explained ».

Les quatre valeurs fondamentales XP :

- La **communication** entre les acteurs du projet, qui, sous une forme ou une autre, est à la base d'une grande partie des pratiques Agiles. Elle conduit à la compréhension des contraintes générales qui s'appliquent aux différents acteurs, au partage des responsabilités et au volontariat de l'engagement.
- Le **feed-back** peut être aussi considéré comme un élément de communication. Il est à la base de l'optimisation de la plupart des pratiques. Le feed-back n'a de valeur que si le délai est court. Les tests unitaires offrent au développeur un retour immédiat sur l'avancement quantitatif et qualitatif de son travail. Les tests fonctionnels post-intégration offrent au client une vision permanente du niveau d'adéquation de l'application à son besoin. La planification de jalons courts détecte immédiatement les problèmes d'intégration. Le stand-up meeting porte sur l'état d'avancement de tâches en cours (d'une durée de quelques jours au maximum), cette réunion journalière a pour principal objectif de détecter un problème émergent. Le client attend à période fixe une version exécutable mais en fonctionnalité réduite. Là encore, le non-respect de la planification devient visible immédiatement.
- La **simplicité** est une notion qui s'applique aussi bien à l'application qu'aux pratiques du projet. À chaque décision la règle de réflexion sous-jacente doit être « quelle est la solution la plus simple qui pourrait donner satisfaction ? ». Pour le client, répondre le plus simplement possible aux besoins actuels rend généralement ceux-ci moins coûteux et plus facilement adaptables. Pour le technicien, c'est la recherche de simplicité technique et d'excellence dans la conception qui permet ensuite de développer du code clair et robuste.
- Le **courage** est la valeur essentielle du management Agile. Le client doit avoir le courage de définir la priorité de ses besoins et d'engager sa responsabilité dans le projet au côté des techniciens. Le technicien doit avoir le courage d'annoncer immédiatement tout problème qui impacte le *planning game*.

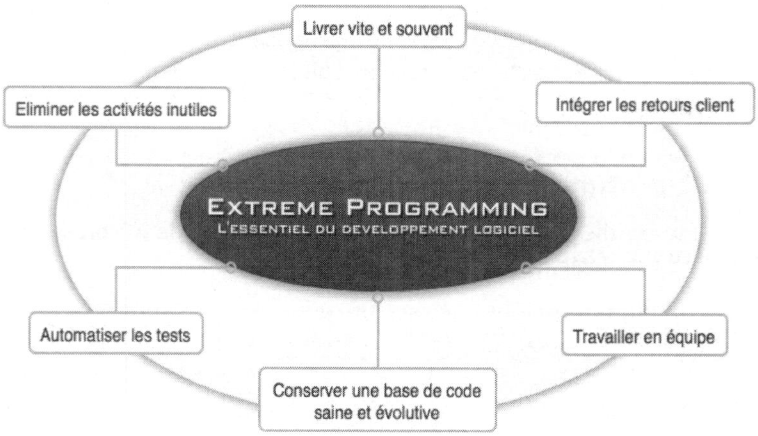

Figure 26. — XP en résumé des principes (source Design UP)

Traduits en pratiques opérationnelles, ces principes et ces valeurs se déclinent ainsi (source Agile Québec) :

- Priorité à la satisfaction du client par des livraisons rapides et continues de logiciels utiles.
- Intégration des changements aux exigences, même s'ils arrivent tard dans le processus de développement, afin d'offrir un avantage compétitif au client.
- Livraisons fréquentes de parties du logiciel. Le logiciel opérationnel est la principale mesure de progrès.
- Collaboration permanente entre clients et développeurs.
- Motivations des acteurs sur la base d'un environnement de travail adéquat, du support nécessaire et de la confiance qui leur est accordée.
- Communication directe des participants lors du standing meeting quotidien.
- Rythme de travail soutenable dans la durée (35/40 heures).
- Attention continue sur l'excellence technique car un bon design améliore l'agilité.
- Recherche de simplicité dans la conception et le développement.
- Autonomie technique : les meilleures architectures, exigences et designs prennent naissance dans des équipes autogérées.
- Amélioration continue : régulièrement, l'équipe engage une de ses pratiques en conséquence.

XP, fer de lance des méthodes agiles, considère la programmation comme une discipline collective et propose trois rôles principaux orientés « pratiques et responsabilités » : Client, Manager, Développeur.

Les 12 pratiques « qualité » de XP

Voici une synthèse des 12 pratiques fondamentales de XP présentées dans la chronologie de leur mise en œuvre.

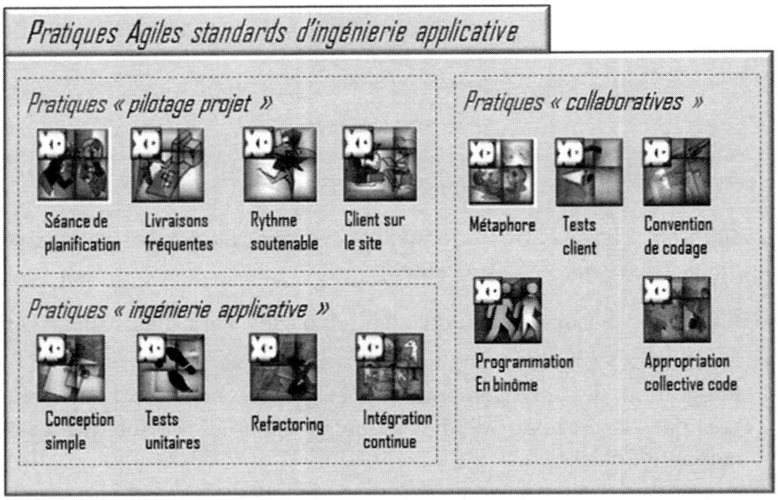

Figure 27. — Interrelations des pratiques

1 - Le planning est un consensus entre le client et le développeur. Comme pour le *Risk Driven Development*, il est procédé par priorités (parfois techniques lorsque liées à des dépendances, mais plus fréquemment fonctionnelles). Le développeur se focalise uniquement sur les buts principaux et diffère le traitement des objectifs secondaires. Le principe de « courage » s'applique dans les négociations avec le client, lors des éventuelles divergences.

Technique : Planning Game. Le client produit des scénarios d'utilisation et les priorise. Ces scénarios sont ensuite implémentés par l'équipe de développement. Le projet est considéré comme achevé lorsque le client n'est plus en mesure de trouver de nouveaux cas.

2 - Les équipes XP emploient des métaphores. La métaphore est une abstraction de niveau élevé. La métaphore ne doit pas être une simplification abusive du concept initial, mais doit permettre de simplifier l'expression d'une chose complexe comme, par exemple, clarifier des fonctionnalités. Le mérite d'une métaphore est d'être synthétique et parlante.

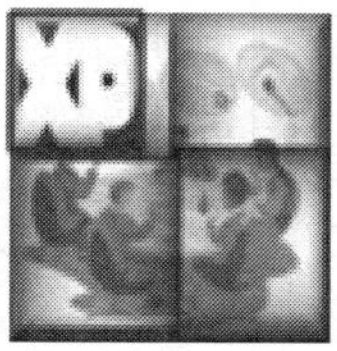

Technique : Métaphores et analogies élémentaires. Elles sont utilisées pour décrire le système et son fonctionnement avant la livraison de fonctionnalités réelles, afin de le rendre compréhensible par les non-informaticiens et les utilisateurs impliqués dans le développement.

3 - L'application est rapidement disponible dans une version limitée. La phase de construction se compose d'itérations structurées en étapes (spécifications courtes, développement, tests, retour du client). Le fonctionnel est décrit en brefs scénarios implémentables validés immédiatement par le client. Le risque d'incompréhension est alors réduit au minimum. Les modifications peuvent être fréquentes mais concentrées dans un cycle très court. L'objectif est de disposer rapidement d'un pilote opérationnel. Les parties applicatives livrées pourront éventuellement être utilisées en fonctionnalités réduites si les dépendances d'autres parties non livrées ne sont pas trop fortes.

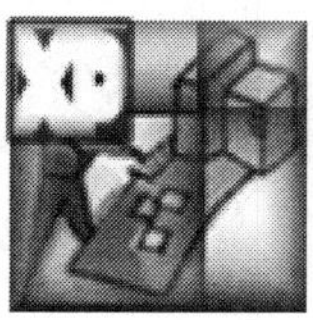

Technique : Releases fréquentes. Elles permettent un feed-back immédiat, tout en offrant des fonctionnalités validées pouvant être utilisées. Fréquence de livraison hebdomadaire.

4 - Le **design** est simple et focalisé sur les besoins actuels. Sans préfigurer des évolutions fonctionnelles ultérieures (non exprimées), le développeur code l'essentiel, en se basant sur les besoins immédiats et dans l'ordre de leurs priorités.

Technique : Planification initiale basée sur la valeur ajoutée des fonctionnalités attendues. Conception et codage simples, afin de faciliter les évolutions futures en rendant le produit aisé à comprendre et à modifier. Livraisons en fonctionnalités réduites. Documentation minimale adaptée aux besoins réels.

5 - Développement en binôme. Deux ressources de développement travaillent simultanément sur l'implémentation du même code. À tour de rôle, elles programment et valident la qualité afin de produire un code propre, robuste et fiable. Dans certains projets, les développeurs s'associent en binômes uniquement lors des séances de *Refactoring* (comme pour la méthode RAD), ou lorsque le problème est particulièrement ardu. Cette pratique est associée à celle de la rotation des binômes. L'ensemble est considéré comme la forme Agile la plus performante d'apprentissage collectif et d'intégration des débutants.

Technique : Les programmeurs XP travaillent en binôme sur la même machine. Le premier développeur (appelé driver ou pilote), *a la responsabilité du clavier et travaille sur la portion de code à écrire. Le second développeur (appelé* partner ou copilote) *l'assiste en suggérant des options ou en décelant d'éventuels problèmes.*

6 - Appropriation collective du code. La qualité de l'ensemble du code est de la responsabilité de l'ensemble des programmeurs. Cette pratique de rotation des binômes accroît la qualité effective du code, la réutilisation, la compréhension, et supprime les principaux problèmes liés au turnover.

Technique : Les développeurs réorganisent fréquemment les binômes, ce qui permet d'améliorer la connaissance collective de l'application et la communication au sein de l'équipe.

7 - Rythme soutenable. Les ressources fatiguées commettent des erreurs toujours plus coûteuses à corriger a posteriori.

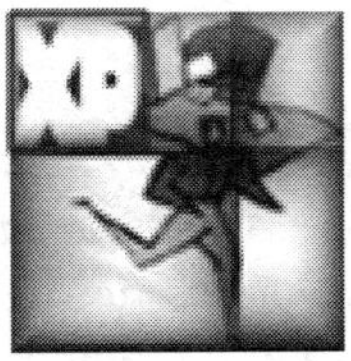

Technique : Planning individuel n'impliquant pas d'heures supplémentaires durant deux semaines d'affilée.

8 - Le client collabore en permanence et en direct. Afin d'assurer une meilleure réactivité et un feed-back rapide, un représentant du client doit être présent pendant toute la durée du projet. Cette ressource dédiée au projet est chargée de déterminer les besoins, de fixer les priorités et de valider les recettes.

Technique : Un représentant permanent du client est présent sur le site. Ce représentant doit maîtriser les connaissances pratiques d'un utilisateur final, tout en disposant d'une vision globale du résultat à obtenir.

9 - Standards de codage. Pour faciliter l'appropriation collective de l'applicatif, la réutilisation et la communication, les programmeurs codent, dans un style et avec des règles identiques (normes de nommage pour les variables, méthodes, objets, classes, fichiers, etc.).

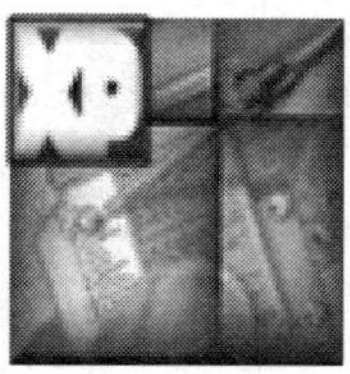

Technique : Standards de codage, Frameworks, design patterns, convention de nommage, etc.

10 - Un logiciel XP est testé et validé en permanence. XP préconise, pour la partie technique, la programmation pilotée par les tests (TDD) : pour chaque classe de l'application, les développeurs écrivent une classe chargée de la tester et de vérifier le résultat de ces tests. Les fonctionnalités sont pour leur part validées en test de recette (avec et par l'utilisateur).

Technique : Jalons Zéro-Défaut par Test-Driven Development sur la base de tests issus d'une translation de bas niveau des tests d'intégration.

Technique : Jalons Zéro-Défaut par finalisation des validations permanentes obtenues de l'utilisateur lors du prototypage.

11 - Intégration continue. Les modules développés sont assemblés journalièrement ou à la fin du codage de chaque jalon. La version de départ d'une nouvelle implémentation de code à jour s'effectue ainsi sur un applicatif stabilisé.

Technique : Jalons Zéro-Défaut par intégration permanente de configurations testées. Construction planifiée en petits modules intégrés et testés progressivement. Pratique de plusieurs intégrations journalières, si nécessaire.

12 – *Refactoring* du code. Au cours du développement, le code est remanié continuellement et progressivement. Le logiciel est propre et simple. Dans le cas contraire, les correctifs sont beaucoup plus coûteux, la conception se corrompt, le code se fragilise, et l'application se déstructure.

Technique : Refactoring par amélioration continue de la qualité du code sans en modifier le comportement (commentaire, respect des règles de nommage, simplification, etc.). Le résultat du « nettoyage » s'effectue régulièrement et se valide lors de séances de travail collectif impliquant toute l'équipe.

Les techniques utilisées par XP existent dans l'industrie du logiciel depuis de nombreuses années. L'originalité de la méthode est de les pousser à l'extrême en vertu des réflexions suivantes :

- puisque la revue de code est une bonne pratique, elle sera faite en permanence (par un binôme) ;
- puisque les tests sont utiles, ils seront faits systématiquement avant chaque implémentation ;
- puisque la conception est importante, elle sera faite tout au long du projet (*Refactoring*) ;
- puisque la simplicité permet d'avancer plus vite, nous choisirons toujours la solution la plus simple ;
- puisque la compréhension est importante, nous définirons et ferons évoluer ensemble des métaphores ;
- puisque l'intégration des modifications est cruciale, nous l'effectuerons plusieurs fois par jour ;
- puisque les besoins évoluent vite, nous ferons des cycles de développement très rapides pour nous adapter au changement.

Les pratiques Agiles de qualité du code (particulièrement la programmation en binôme ou *Pair programming*) génèrent un coût de réalisation de l'ordre de 20% supérieur à celui d'un développement classique. En retour, elles réduisent notablement le nombre d'erreurs résiduelles de l'applicatif à sa mise en exploitation, selon une l'étude *Strengthening the Case for Pair-Programming* (Tableau ci-dessous).

Tableau 3. — Retour sur investissement du binômage

<table>
<tr><th colspan="3">Comparatif mode développement</th><td rowspan="7">Si on considère que le coût de correction d'un bug en exploitation est de l'ordre de 20 à 100 fois supérieur à sa correction en cours de développement, le ROI est évident.</td></tr>
<tr><th>Tests passés</th><th>Individuel</th><th>Coopératif</th></tr>
<tr><td>Application 1</td><td>73,4</td><td>86,4</td></tr>
<tr><td>Application 2</td><td>78,1</td><td>88,6</td></tr>
<tr><td>Application 3</td><td>70,4</td><td>87,1</td></tr>
<tr><td>Application 4</td><td>78,1</td><td>94,4</td></tr>
<tr><td>Moyenne</td><td>75</td><td>89,1</td></tr>
</table>

Par contre, cet investissement dans la qualité peut être difficile à vendre dans certaines circonstances contractuelles.

Un phasage simple

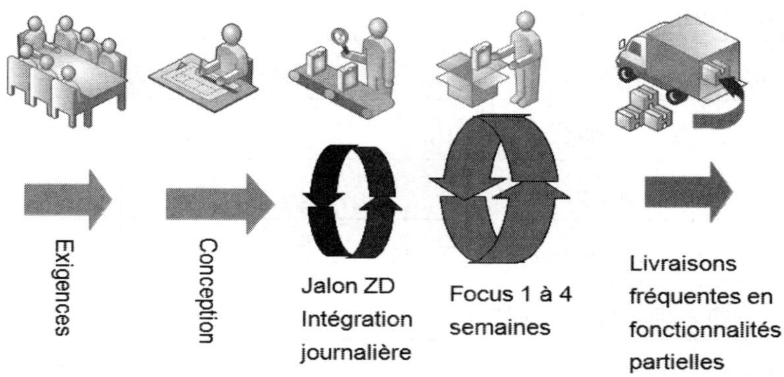

Figure 28. — XP : un mode itératif simple

Les 12 pratiques XP se renforcent mutuellement

Note : la systémique affirme « le tout est plus que la somme des parties ». Cela signifie qu'il existe des qualités émergentes, c'est-à-dire qui naissent de l'organisation d'un tout, et qui peuvent rétroagir sur les parties.

Comme il est justement souligné sur le site de Design-Up, « Au final, on peut se demander si la méthode porte bien son nom. Le terme « extrême » évoquant des prises de risques insensées, alors qu'en pratique XP vise une suppression systématique du risque. » Dans XP, c'est en fait le bon sens qui est poussé à son eXtrême !

Tableau 4. — Evolution usage des techniques (Version One 2008)

Techniques Agiles (% accroissement)	**2008**	**2007**
Planification des itérations +21%	86%	65%
Test Unitaires +17%	77%	60%
Standup meeting journalier +20%	75%	55%
Planification des livraisons +18%	72%	54%
Intégration continue +15%	65%	50%
Automatisation des *Builds* (2007 N/A)	62%	0%
Burndown chart (2007 N/A)	60%	0%
Retrospectives +20%	59%	39%
Refactoring +0%	59%	0%
Standards de codage (2007 N/A)	57%	0%
Vélocité de l'équipe +14%	52%	38%
Test-driven Development (TDD) +11%	49%	38%
Travail en *WarRoom* +10%	44%	34%
Appropriation collective du code +5%	41%	36%
Radiateur d'informations +31%	41%	36%
Client sur site +7%	31%	27%
Pair Programming +7%	31%	24%
Behavior Driven Development (2007 N/A)	7%	0%
Kanban (2007 DN/A)	6%	0%

Descopage et Binômage

Un praticien de l'*eXtrem Programming* nous livre « métaphoriquement » sa vision de deux des pratiques les moins comprises et les plus contestées : le « descopage » (réduction du périmètre afin de respecter le délai ou le budget) et le binômage.

1 - Le « descopage » ou comment charger sa voiture pour les vacances

Cette année, je suis parti en voyage une semaine avec ma petite famille (ma femme et mes deux enfants) dans une Clio.

Question : comment emmener tout ce qu'il faut dans aussi peu d'espace.

Réponse : faire du descopage ! Est-ce que cela veut dire que nous allons manquer de quelque chose ? Est-ce que cela veut dire qu'on va laisser un de nos enfants à la maison ?

Non, la réponse est qu'il faut ajuster nos valises à notre capacité de transport. Le projet est de remplir la voiture au maximum... Ou devrais-je dire, au plus juste !

Comment faire ? Ouvrir un document sous Word pour lister toutes les choses à emmener, puis calculer avec Excel le volume total, enfin à l'aide de Microsoft Project, trouver la solution optimale ?

Non, vous commencez par charger la voiture avec les choses essentielles, peut-être faites-vous un compromis sur certains gros trucs ? Est-ce qu'on emmène le lit parapluie ? La poussette ? Peut-être que le landau de la poussette pourrait faire office de lit, non ? Ensuite, on remplit avec les petites choses, on peut aussi faire des petits sacs à fourrer dans les coins.

Bref, on remplit sa voiture de manière itérative. Il suffit de jeter un coup d'œil dans l'habitacle après chaque ajout pour savoir s'il reste de la place. Il faudra parfois ressortir un gros truc qu'on décidera de ne pas emmener finalement. La voiture a une capacité fixe de toute façon ! N'est-ce pas pareil pour les projets informatiques ?

Note : je remercie Etienne Charignon qui m'a gracieusement autorisé à utiliser les textes de son blog.

Note : a visiter aussi le blog d' Alexandre Boutin http://www.agilex.fr

2 - Binômage !

Dans la littérature sur l'eXtrême Programming, comme dans un rallye, on parle du rôle des membres d'un binôme en tant que « pilote » et « copilote ». Tout le monde sait à quel point le rôle du coéquipier est important dans un rallye. Il ne viendrait jamais à l'idée d'un pilote de se lancer seul dans la course.

Le rôle du pilote est de conduire le plus rapidement possible. Pour améliorer sa performance, il se décharge complètement de la gestion de l'itinéraire sur son coéquipier. Les deux membres de l'équipe ont un objectif commun (atteindre la ligne d'arrivée le plus vite possible) et chacun doit tenir son rôle pour y arriver.

Dans les rallyes, les équipes préparent leur course et surtout, repèrent le chemin à l'avance. Une équipe de développeurs aussi se doit de préparer son travail avant de le réaliser. Il faut discuter de la conception liée à la tâche à réaliser et s'assurer, avant de commencer à coder, que les deux membres du binôme ont bien la même vision en tête avant le départ.

Il n'est pas question pour le pilote de partir en avant et d'espérer que le coéquipier le rejoindra plus tard. De même, les membres du binôme doivent démarrer leur tâche ensemble. Il ne faut pas céder à la tentation de croire que l'autre pourra rattraper le chemin parcouru sans faire l'effort de le parcourir lui aussi.

Scrum

La méthode Scrum a été conçue pour la gestion de projets mais ne couvre aucune technique d'ingénierie du logiciel. Aussi, son utilisation dans le contexte du développement d'une application informatique, nécessite de lui adjoindre une méthode complémentaire comme XP.

Voici un flash des pratiques de Scrum :

- Le projet est structuré en itérations de 2 et 6 semaines suivant le projet.
- Une itération contient une livraison complète, développée, approuvée et testée.
- Une réunion initiale organise chaque itération en définissant les tâches à réaliser.

- Une réunion finale présente un « show » de l'application et fait un point critique du déroulement de l'itération.
- Chaque jour, une courte réunion d'avancement donne à l'équipe une vision globale du projet, met en évidence les problèmes et permet de factoriser les solutions.
- Des tableaux de bords sont régulièrement mis à jour et garantissent une vue réelle de l'avancement.

Les ressources humaines d'un projet Scrum se limitent à trois rôles :

- Un client est responsable fonctionnel. Il définit et priorise la production des composants de l'application. Il valide le travail de l'équipe et ajuste les besoins applicatifs.
- L'équipe de développeurs qui pilote démocratiquement la qualité et la performance.
- Un *Scrum Master*, coach plus que leader, qui remplit un rôle de facilitateur et de guide dans la mise en œuvre de la méthode.

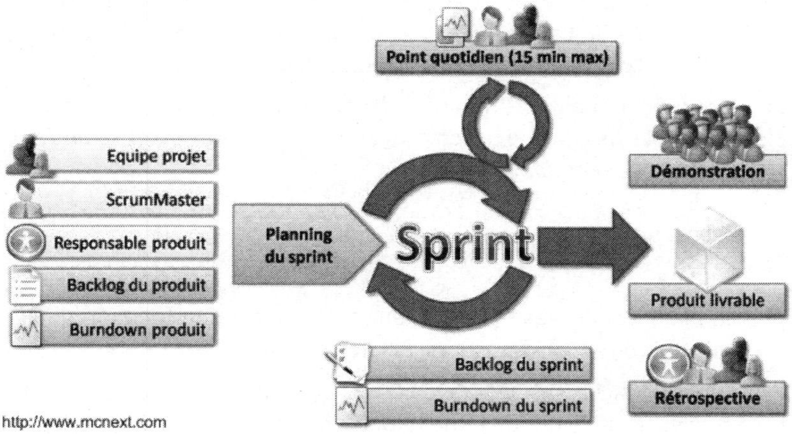

Figure 29. — Les artefacts de Scrum (Source MCNEXT)

Note : le Scrum Master n'a pas de rôle directif. Il représente l'interface entre l'équipe projet et le reste du monde. Il se doit de supprimer les obstacles se dressant sur le chemin du succès. Tel l'entraîneur d'une équipe sportive, il favorise l'obtention des conditions optimales d'engagement.

La production des fonctionnalités est gérée dans une file d'attente nommée *Product backlog* ou « file produit ». Elle se présente sous la forme d'une liste où les *exigences* du produit à réaliser sont estimées en termes de charges et priorisées en termes de retour sur investissement attendu.

Note : dès sa publication la démarche XP me sembla représenter une avancée majeure pour la performance et la qualité des développements, aussi je proposais de la substituer à la phase de Construction du RAD pour ceux qui rechercheraient la qualité extrême en acceptant d'en payer le prix organisationnel.

Par contre, je ne trouvais rien de nouveau dans Scrum par rapport à RAD, à l'exception de la systématisation des rétrospectives.

Le moteur PUMA de pilotage du projet est « *Scrum like* ».

Le moteur PUMA de réalisation de l'application est « *XP like* ».

Résumé en franglais (langue principale des informaticiens français) d'un pilotage de projet en mode Agile :

- En mode Agile le projet se réalise dans une salle dédiée (***War room)*** où l'utilisateur (***Product owner***) est un membre à part entière (***On site customer***) de l'équipe (***SWAT team***).
- Les fonctionnalités attendues (*Users stories*) sont répertoriées dans une liste (*Product backlog*) et sont priorisées et estimées (*Planning poker game*).
- La planification de l'itération initiale (*Release backlog*) est organisée en fonction de la vélocité (*Velocity*) théorique de l'équipe.
- La planification des itérations suivantes se fera en fonction de la vélocité réelle constatée lors de l'itération achevée.
- L'ordonnancement des travaux se fait par auto-affectation durant la rétrospective quotidienne (*Stand-up meeting*).
- Le suivi de la réalisation (Monitoring) est effectué en temps réel par les membres de l'équipe de développement sur un tableau mural (*Information radiator*).
- Le reporting général du projet du projet se matérialise par un graphe d'avancement (*Burndown chart)* répertoriant la somme des fonctionnalités dont le statut est « achevé ».

Agile : Controverses et réflexions

Tout ce que vous devez savoir pour ne pas vous faire bluffer

Agile : Controverse et réflexions

Source et antériorité des publications

Dans son dossier consacré aux méthodes Agiles, 01 Informatique[10] a su remettre en dates l'évolution du pilotage de projet basé sur l'approche itérative, incrémentale et adaptative. En clair, rendre à César ce qui est à César, ou, en l'occurrence, rendre à la méthode RAD et à James Martin son fondateur, la primeur d'initiation de ce courant de pensées.

Cette mise au point est techniquement secondaire, mais historiquement importante pour la compréhension de ceux dont l'arrivée dans ce grand mouvement technologique et humaniste est récente.

Ce qui détermine le changement de paradigme en conduite de projet c'est le passage du « cascade » à l'itératif, incrémental et adaptatif.

La première méthode basée sur cette rupture est la méthode RAD de James Martin, publiée en 1991. Ensuite DSDM pour le côté anglophone, a pris la relève de cette évolution en termes de techniques.

A partir de 1991 des chefs de projets du monde entier et particulièrement aux US ont utilisé la méthode RAD. Obligatoirement les contributeurs à l'évolution des méthodes suivantes ont eu connaissance de ces travaux. Ce n'est pas la méconnaissance des recherches de Pierre et Marie Curie qui doit me donner le droit de revendiquer la découverte de la radioactivité.

Quant au livre « RAD » de James Martin, c'est un monument d'une complétude impossible à imaginer pour ceux qui n'ont pas eu la chance de pouvoir le consulter.

Les deux successeurs immédiats furent Jean-Pierre Vickoff (1994) pour le côté francophone et Jennifer Stapleton (1995) pour DSDM, la version anglaise du RAD.

Ce n'est qu'en 1996 que Ken Shwarber et Jeff Sutherland dévoilèrent les bases de *Scrum* et en 1999 que Kent Back et Ron Jeffrie proposèrent de systématiser, en les poussant à l'extrême, certaines techniques de qualité du génie logiciel.

Dans la plupart des présentations des sociétés les plus importantes que j'ai pu trouver sur le Web, ces dates sont erronées quand ce n'est pas

[10] Numéro du 23 Octobre 2008

directement trafiquées. Ce manque d'éthique en matière de communication technique est lamentable.

Beaucoup de jeunes informaticiens ne le savent pas, mais vers le milieu des années 90, les premières pages de certains sites des chefs de projets américains qui travaillaient sur leurs propres méthodes, mais qui avaient été devancés par James Martin (anglais), lui faisaient ouvertement la guerre, donc connaissaient ses travaux. Le principal reproche était (officiellement) qu'il n'était pas un chef de projet de terrain mais un universitaire appuyé par des sherpas et que son site débutait par une phrase agaçante du style « James Martin a écrit plus de livres que tout autre chercheur encore vivant. ».

Il m'a été reproché sur des blogs dédiés à *Scrum* de ne pas citer de références reliant *Scrum* à RAD pour justifier sa filiation. Ce n'est pas aux prédécesseurs de donner des références, qui, à l'évidence, n'existent pas. Refuser l'antériorité des publications sur un sujet (ce qui est la base même de la communication scientifique), n'empêche pas ces communications d'exister.

Lors d'une discussion sur un blog français l'auteur a posté « Alors, Schwaber et Sutherland ont-ils pompé sur Martin sans le citer ? La réponse n'a que peu d'importance. Tous ces travaux datent de la même période et leurs influences sont forcément multiples. » C'est faux, ces travaux ne datent pas du tout de la même époque :

- James Martin publication méthode RAD complète en 1991[11] ;
- *Scrum* ébauche en 1995, publication 1996 ;
- XP publication 1999.

En informatique 4 ou 8 ans c'est une éternité de projets.

Au final, c'est aux initiateurs de *Scrum* de mettre en évidence les ruptures fondamentales qui les affranchiraient de référencer leurs prédécesseurs. C'est comme cela que fonctionne la communication scientifique.

Le révisionnisme qui consiste à vouloir supprimer les références à la première méthode itérative-incrémentale et adaptative ne résistera pas à l'histoire et au temps. Il n'y a bien que dans notre domaine que des tentatives pareilles peuvent exister.

[11] 1991 officiellement mais j'avais lu ses premières communications au Canada bien avant.

Pour le Gartner Group qui s'est penché sur le sujet depuis ses origines, les méthodes Agiles actuelles sont simplement « RAD ou néoRAD ».

Il n'y a aucune rupture méthodologique dans XP ou *Scrum*, juste une amélioration de l'usage des techniques de qualité et de conduite de projet adaptative. Je serais d'ailleurs vraiment curieux de savoir qui avait vraiment entendu parler de *Scrum* ou de XP en France avant 2000 et avant que Jean-louis Bénard n'en fasse une étude comparative.

Le refus de s'appuyer sur les expériences d'un passé aussi proche afin d'éviter de renouveler les mêmes erreurs et de devoir reformuler les mêmes solutions, représente un formidable risque pour les projets en cours ainsi qu'une formidable perte de temps pour la profession. Et cela n'est pas du tout Agile !

Questions gênantes pour méthodes « phares »

Devant l'aspect actuellement « incomplet » des méthodes Agiles, il n'est pas interdit de se poser deux ou trois questions simples.

- 1 - Pourquoi XP ne propose-t-il pas une forme d'expression structurée des exigences permettant de décrire les divers aspects d'une application de niveau « système d'information » ? Réponse possible : le projet qui a conduit à formaliser XP étant une refonte de paie, il est probable que ces aspects n'étaient pas une préoccupation du moment.

- 2 - Pourquoi *Scrum* n'implique-t-il pas de techniques de développement ? Les certifications de *Scrum*aster s'obtenant en quelques heures et sans prérequis, il serait logique et charitable de penser que les initiateurs de cette méthode étaient des chefs de projets ne développant pas, ou plus, eux-mêmes.

Au niveau du champ d'application des méthodes, il serait aussi très judicieux de considérer que si 18% seulement des exigences applicatives peuvent être fixées en début de projet, ce qui implique que les méthodes en cascade sont inadaptées pour 82% des projets, en contrepartie il n'y a certainement pas plus de 18% des applications qui peuvent faire l'objet d'un développement totalement itératif.

Les controverses actuelles sur le sujet

L'histoire est sensée nous rappeler notre passé afin que nous n'en répétions pas les erreurs. Ce principe fonctionne assez bien dans la plupart des domaines scientifiques ou industriels mais cela semble n'avoir jamais empêché les guerres ni les échecs de projets.

Au printemps 2001, Thierry Cross, le fondateur d'XP France et moi-même présentions RAD et XP dans le grand « amphi » de l'UNIL à Lausanne. Les deux méthodes RAD et XP étaient présentées comme identiques et complémentaires. Pour étayer cette évidence, je modifiais « *on the fly* » ma conférence. Comme, à l'époque XP, ne disposait pas de références européennes à présenter, durant la période de question à Thierry ce furent celles du RAD à la SG et à la Seita, entre autres, qui furent « partagées ».

A plusieurs reprises il m'a été donné d'entendre des membres éminents du domaine Agile me dire off « Nous savons très bien que nous venons du RAD, mais personne ne souhaite se le rappeler. », ou bien encore « Pour introduire des nouvelles méthodes, il est indispensable de détruire les précédentes. »

> En l'occurrence LA précédente c'est la méthode RAD, la PREMIERE méthode complète et publiée. Par le changement de paradigme qu'elle a apporté en formalisant, dans le détail, la mise en œuvre de « l'itératif, incrémental, adaptatif », elle constitue la racine indiscutable des méthodes Agiles suivantes.

En ce qui concerne *Scrum*, sans réfuter son incroyable impact médiatique lié au laxisme de ses certifications, l'étude comparée de son contenu par rapport à celui de RAD ne fait apparaître aucun nouvel apport à l'exception de la systématisation des rétrospectives. Par contre, *Scrum* ne dispose que d'une seule forme de planification et est handicapé par une absence totale de pratique de génie logiciel.

Une remise en cause édifiante

L'apport d'*eXtrem Programming* proposé en 1999 par Kent Beck dans le livre *XP explained* était la systématisation de certaines pratiques comme la programmation en binôme associé à la rotation des binômes, ces techniques facilitaient le TDD et la montée en compétence de l'équipe.

Ayant compris que le fossé du changement était loin d'être comblé, Kent Beck, très certainement sous la pression commerciale de *Scrum*, publia, pour tenter de faire adopter plus largement sa méthode, le livre *Planning XP*. Ce document remettait en question l'aspect extrême des pratiques XP.

L'ensemble des pratiques préconisées par XP préexistaient de manière indépendante et de mise en œuvre moins systématique en fonction du contexte ou des ressources. En acceptant une nouvelle voie plus laxiste, c'est une très grande partie de l'apport de XP qui disparaissait. Du même coup, ma proposition de « remplacer la phase de Construction du RAD par XP » n'avait plus vraiment de sens. Etrangement ces changements ne trouvèrent pas d'échos en France jusqu'en décembre 2008, lorsque Emmanuel Chenu[12], publia un compte rendu de cet ouvrage sur son blog.

Ce livre a été conjointement écrit en 2001 par Kent Beck et Martin Fowler et préfacé par Tom DeMarco. « Cela fait trois grosses signatures pour un seul et même ouvrage. » J'ai immédiatement commandé le livre en question pour vérification, mais, par éthique, je préfère citer complètement Emmanuel Chenu : « Les auteurs consacrent le livre à la planification et au pilotage d'un projet mené dans une démarche XP. Ils cherchent à montrer qu'en plus de pratiques techniques, XP contient les pratiques nécessaires et suffisantes pour planifier et piloter un projet.

On dit souvent que *Scrum* apporte aux pratiques techniques d'XP les pratiques de pilotage de projet et d'équipe. Ce livre tend à montrer que XP est déjà autosuffisant pour la gestion de projet. La surcouche *Scrum* ne fait que recouvrir avec son propre vocabulaire et ses rôles des pratiques préexistantes dans XP. Ceci dit *Scrum* apporte plus de formalisme et de cérémonial.

D'une manière générale, Martin et surtout Kent ont mis de l'eau dans leur vin et l'aspect extrême d'XP en est diminué. Déjà, en préface, les auteurs rappellent que XP n'est pas une destination mais un parcours. La durée de l'itération est devenue un sujet d'expérimentation. Le cycle hebdomadaire n'est plus une référence. L'essentiel est de rester en dessous du mois et de ne pas glisser ! De même, la pluridisciplinarité de chaque membre de l'équipe n'est plus encadrée par une rotation systématique des binômes sur toutes les parties de l'application[13]. La spécialisation des développeurs est même encouragée à partir du moment où elle est liée à une motivation personnelle.

Aussi, les auteurs sont plus permissifs quant à l'existence de bugs dans le produit. La correction de bugs mineurs n'est pas nécessairement une priorité pour l'équipe[14].

---

[12] http://emmanuelchenu.blogspot.com

[13] Le *Pair Programming* généralisé comme outil de communication et d'apprentissage vient d'être tué.

[14] Cela ne remettrait pas en cause la généralisation du TDD et du Refactoring ces idées ?

Enfin, les auteurs sont moins impératifs sur la nécessité de développer les fonctionnalités de bout en bout. L'essentiel est désormais que tout ce qui est développé dans l'itération soit testé à la sortie de l'itération.

Personnellement je désapprouve le calcul d'une vélocité individuelle pour chaque développeur car je ne vois pas comment cela peut rester compatible avec un esprit d'équipe efficace[15]. Je préfère calculer la vélocité de l'équipe pour mesurer sa capacité de travail par itération et éventuellement diviser cette vélocité par le nombre de développeurs pour surveiller l'impact de l'intégration de nouveaux membres dans l'équipe.

Enfin, j'ai apprécié le désaccord entre Kent et Martin portant sur la priorité des fonctionnalités à développer. Kent accorde une plus grande priorité à celles qui apportent le plus de valeur au client alors que Martin accorde les plus hautes priorités à celles qui comportent le plus de risques. C'est le pilotage par retour sur investissement contre le pilotage par les risques. »

Voila, merci monsieur Chenu, vous m'avez apporté beaucoup avec cette synthèse, car j'ai beau lire énormément sur le sujet, je n'avais pas étudié cet ouvrage, le titre m'ayant amené à penser que cela traitait uniquement de planification.

Ce qui me dérange, car je considère XP comme la méthode ayant apporté le plus aux années 2000, c'est l'abandon des aspects extrêmes. Si l'on tire un trait sur le *Pair programming* généralisé comme outil de communication et d'apprentissage ainsi que sur les aspects qualité (TDD et *Refactoring* généralisés), que va-t-il rester ? Le *Programming* ?

Scrum, le fond des problèmes

Depuis la fin des années 80, j'ai intégralement consacré ma carrière et mes temps libres à la promotion d'une conduite de projet itérative incrémentale adaptative et en particulier à la première de ces méthodes : le RAD de James Martin.

Aujourd'hui, je suis totalement sidéré d'observer comment, des sectaires[16], sans culture de leur métier pour certains et sans éthiques

---

[15] De même, la méthode RAD préconisait les récompenses au niveau équipe et utilisait la métaphore du foot pour expliquer que même si l'un des joueurs était un dieu du stade, le match perdu l'était pour toute l'équipe.

[16] "Agile is starting to sound a lot more like religious rhetoric than an engineering practice"

pour d'autres, tentent de s'affranchir de cette antériorité en dénigrant sans complexe ce qui est l'origine même des pratiques qu'ils idolâtrent.

Encore récemment, quelques fanatiques me reprochaient d'affirmer et de prouver que les méthodes Agiles actuelles sont incomplètes même en en couplant plusieurs (généralement *Scrum* et XP) et que, de plus, leurs couvertures respectives se chevauchent. Pire, frisant « l'iconoclastie » je prétendais que mes clients se plaignaient de ne pas disposer de structuration Agile des exigences pas plus que de formes agiles de maîtrise des communications en environnement organisationnel complexe. Il faudrait suivre à tout jamais *« Scrum in the book »*.

Amusant cet aspect « ne touchez plus à rien » pour les jeunes défenseurs inconditionnels d'une Agilité qu'ils auraient souhaitée totalement révolutionnaire et totalement nouvelle. Il est vrai que cette virginité permettait de promettre une martingale incontournable du succès. La deuxième génération de méthodes itératives aurait eu comme avantage de ne rien devoir à personne et, du même coup, se serait pour un temps affranchie du passif de la pléthore d'échecs organisationnels aussi sûrement programmés que non évités dans la plupart des grandes organisations ayant refusé pour de multiples « bonnes » raisons la véritable évolution Agile. La suite se présente comme encore plus triste et pénalisante pour le monde Agile. Les critiques les plus dures viennent des US et elles sont cinglantes.

The Decline and Fall of Agile

Une des controverses majeures a pour origine l'article « *The Decline and Fall of Agile* » sur le blog de James Shore d'un expert indiscuté du domaine auteur de l'ouvrage *The Art of Agile Development*. Ce praticien confirme globalement :

- Que prises indépendamment, les méthodes agiles actuelles sont incomplètes.
- Que *Scrum* est en train de faire déconsidérer globalement le mouvement Agile[17].
- Qu'une approche semi-itérative (un retour au RAD quoi ...) qui permet de définir un minimum de besoins et d'architecture[18] est mieux adaptée à la plupart des développements.

---

[17] *" Rescuing Scrum teams keeps me in business "*

[18] *" When in fact if you are truly agile, you will use waterfall (design up front) when necessary "*

Il s'en est suivi un dialogue qui a permis à plus d'une centaine d'autres praticiens de venir exposer leurs problèmes. En résumé « L'engouement pour *Scrum* a fait que nombre d'équipes insuffisamment préparées se retrouvent dans des situations inextricables de dette technique. Ils ont naïvement cru que l'on pouvait tirer bénéfice d'une gestion de projet agile sans en payer le prix. »

Ceci ne m'a pas appris grand-chose puisque ce sont ces mêmes réflexions qui sont à la base de mes travaux sur PUMA. Mais sincèrement, je n'aurais pas pu imaginer mieux pour inciter certains fanatiques à se questionner un minimum.

Dans *Voyage in the Agile Memeplex: in the world of agile development, context is key*, Philippe Kruchten s'inquiète lui aussi d'une « agilitation scrumiste » exagérée. Comme le précise Claude Aubry sur son blog : « Bref on le sent un peu remonté contre le dogmatisme des zélateurs de l'agilité, les *agilistas.* » Philippe Kruchten craint le « retour de flamme » d'une agilité appliquée sans discernement et sans étude du contexte. Il stigmatise :

- le jargon utilisé, à travers les *Agilese ;*
- le suivisme aveugle, à travers l'*Agilism ;*
- l'intolérance des convertis, à travers l'*Agilitis ;*
- les études pseudo-scientifiques hors contextes d'*Agilologie*.

Selon Claude Aubry « A le lire, on a l'impression qu'aux US et au Canada, l'agilité est le courant dominant et qu'il est difficile d'y résister, voire de le critiquer : l'agilité serait la pensée unique. C'est loin d'être le cas en France. »

Martin Fowler dans un article de févier 2009 en fait aussi état et présente le problème ainsi « Certains veulent une méthodologie Agile et choisissent Scrum. Ils adoptent les pratiques Scrum et même les principes. Au bout d'un certain temps l'avancement du projet ralenti car le code source est en pagaille du fait que Scrum omet délibérément les pratiques techniques » (détail sur le blog de Denis Dolfus).

Il n'est pas possible de citer tout le monde, mais il est évident que ces errements, qui causent un grand tort au mouvement Agile dans son ensemble, commencent à en énerver plus d'un et pas des moindres.

Note : tout cela me rappelle Merise et les certitudes inébranlables des « merisiens » avant qu'ils ne disparaissent sans laisser d'adresse.

Pour des outils adaptés à la culture européenne

Il faut que les experts Agiles français cessent d'être les simples perroquets de leurs maîtres américains en répétant inlassablement, persuadés d'avoir découvert le secret du laser à couper le beurre, l'appel aux trois ou quatre techniques qu'ils ont retenues « *Planning poker, Backlog, Burndown chart. Planning poker, Backlog, Burndown chart ...*»

Et, pourquoi pas : « Elle est fraîche ma méthode, elle est fraîche ... ».

D'autant que pour avoir pratiqué de nombreuses années des deux côtés de l'Atlantique, je peux vous assurer que rien ne s'approprie aussi aisément. D'ailleurs, mes visites dans de nombreuses DSI me laissent à penser qu'une jolie catastrophe, qui alimentera les futures statistiques d'échecs de projets du *Standish group* ou du *Gardner group*, est en train de se mettre plus ou moins agilement en place.

Les directions informatiques ne doivent pas être dupes et il serait logique de considérer *PUMA Essentiel* qui est la seule approche européenne et naturellement francophone. Simple et complète, elle permet d'obtenir une Agilité raisonnablement pensée et parfaitement en adéquation avec notre culture.

L'Agilité doit passer le cap du simple assemblage de techniques permettant l'encadrement d'un projet de développement et s'étendre à l'ensemble des préoccupations de l'organisation face à son système d'information, ses processus et ses ressources humaines.

De la méthode Agile, oui, mais la plus efficace. Surtout si elle est européenne et que nous pratiquons en Europe !

Agile et CMMi

L'agilité et la norme

Le courant de pensée CMM

Il n'est pas dans mon intention de détailler ici la « galaxie » CMMi (Figure 30) d'autant qu'il suffit de chercher sur le Net pour être débordé d'une masse d'informations inutiles. Il est aussi possible de faire appel à un expert CMM (en anglais *Consultant Money Makers*).

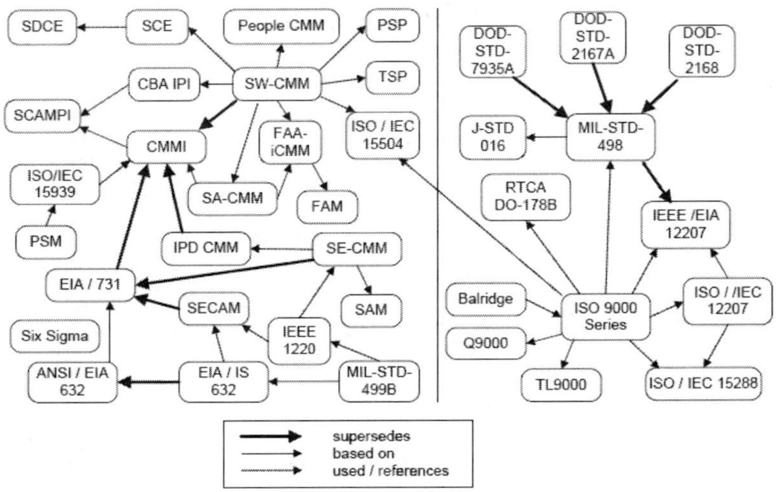

Figure 30. — CMM une pléthore de méthodes

CMMi est un modèle abstrait, volumineux, compliqué et difficile à appréhender. Par contre, je détaillerai un peu plus loin ma vision des rapports entre les deux courants de pensées :

- CMMi est difficile à décrire simplement et à mettre en œuvre.
- L'Agilité est simple à décrire mais difficile à pratiquer.

A ce sujet j'apprécie la vision de Emmanuel Etasse relevée sur son blog http://homoagilis.blogspot.com/ « L'Agilité est donc à mon sens plus un savoir être qu'un savoir-faire. Ce savoir être peut nécessiter une révolution des mœurs dans l'entreprise ! ». C'est de ce dernier point que vient la plus grosse difficulté.

Sur un plan plus sociologique, comme le mettait en exergue le premier chapitre de mon livre *Systèmes d'Information et Processus Agile* « il faut avoir développé une *middle class* suffisamment conséquente pour aplanir les différences sociales élémentaires. L'aboutissement s'exprime alors dans des formes de hiérarchie plate utilisant de nouvelles formes de gouvernance d'entreprises (*Empowerment*) et offrant plus de choix démocratiques pour obtenir en retour un engagement plus fort des ressources humaines. »

> Je pense aussi utile de citer la courte analyse d'un professionnel sur son blog FredericDoillon.com « Avant de partir en vacances, mon boss m'a demandé de construire un argumentaire détaillé prouvant qu'une méthode Agile est plus adaptée à notre contexte que CMM. La démarche en elle-même a du sens : elle prouve aussi que la réflexion a été menée sans a priori de départ, et que les deux méthodologies ont été appréhendées. Comme je l'avais fait pour Agile, je me suis donc plongé dans le *Process Guidance* de MSF pour CMMi. Et ai étudié aussi la démarche CMMI d'une manière générale. En caricaturant un peu le trait, c'est un peu comme si le manifeste Agile avait pris exactement le contre-pied des démarches CMMi. ».

Par contre, certains aspects de CMM liés à l'organisation des équipes (TSP) et à l'engagement des individus (PSP) se rapprochent des ambitions agiles sans toutefois les atteindre compte tenu des nécessités procédurales qu'elles impliquent.

TSP / PSP

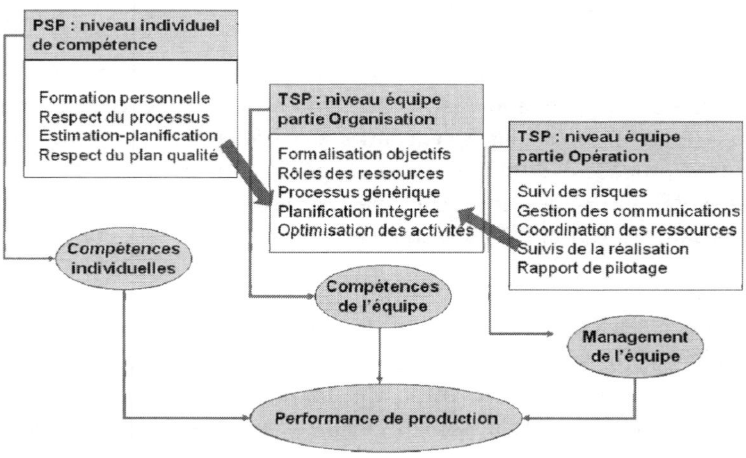

Figure 31. — TSP et PSP, le CMM light

TSP *Team Software Process* et PSP *Personal Software Process* sont des processus CMM légers qui permettent de guider les équipes de développement dans l'amélioration de leur performance et la qualité de leur production.

TSP et PSP facilitent :

- Une implication des ressources sur le projet ;
- Une estimation coopérative des coûts et des délais ;
- Un bon feedback et une réactivité en cas d'écart ;
- Un engagement global sur la qualité à obtenir.

Sans être parfaitement Agiles, puisque dépendant d'un processus formel, TSP et PSP (Figure 31) représentent néanmoins un pas important vers une amélioration raisonnable des pratiques de développement.

A l'instar des méthodes Agiles, TSP et PSP offrent un excellent retour sur investissement en termes de performances de projet et en termes de réduction des défauts.

Le principal problème réside dans la possession d'un processus générique formalisé, puis formellement adapté en début de projet, puis scrupuleusement respecté lors de son exécution. La présentation des principes a beau être presque légère, ceux-ci n'en restent pas moins du CMM sur le fond et dans la forme.

Agile et CMM sont-ils solubles

Certains blogs essaient de présenter les 2 modèles comme des paradigmes complémentaires « car l'approche CMMI permet de résoudre certains challenges rencontrés par l'agilité et inversement ». D'autres proposent d'utiliser les idées de l'Agilité dans un contexte d'amélioration CMMI « approche que je trouve personnellement très intéressante si CMMI est correctement utilisé comme un outil et non comme une norme ».

A mon point de vue, pour un projet donné et dans le cas de ressources disposant d'une double compétence, il doit être possible, après le choix de l'approche contextuellement la plus pertinente, d'utiliser certaines techniques de l'autre pour résoudre un problème spécifique non traité par la première approche.

J'ai eu la chance (pour le côté expérience) de travailler dans des sociétés respectant le cadre CMM Software et dans d'autres utilisant un cadre Agile. J'ai aussi réalisé pour le Gartner Group en 1998, la première synthèse de CMM en français à partir des travaux du Québécois Richard Basque. Puis un comparatif entre CMM et RAD. Plus récemment, en 2008, des organisations professionnelles de l'Ouest français m'ont commandé une étude (Figure 32) sur le sujet Agile / CMMi (liens sur agiles.blog.com).

Ma vision : même si certaines pratiques sont communes, dans l'état actuel des choses, l'approche Agile représente à l'évidence la philosophie contraire de celle qui sous-tend la normalisation et CMM.

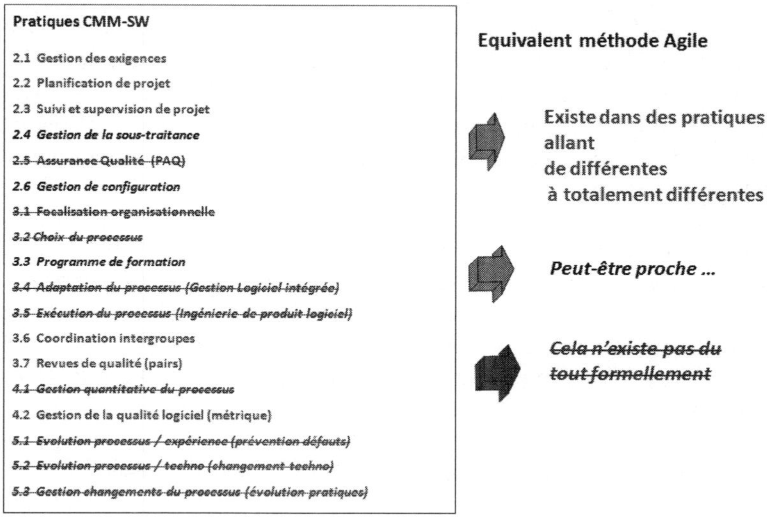

Figure 32. — CMM / Agile mapping de pratiques

Si l'on ne rentre pas dans le détail de l'implémentation réelle, le niveau 2 de CMM n'est peut-être pas incompatible avec XP en termes de principes techniques (mais pas pour *Scrum* qui ne dispose pas de technique de génie logiciel).

Par contre à partir du niveau 3, dès que le besoin d'un processus formalisé apparaît, les méthodes Agiles ne proposent plus rien. Ensuite au niveau 4 pour les métriques et niveau 5 pour les rétrospectives, certaines pratiques de *Scrum*, si elles étaient formalisées, feraient certainement l'affaire, du moins dans la limite d'un projet donné.

Malheureusement, une organisation n'investit pas dans une coûteuse certification CMM pour voir ses processus remis en question en temps réel et simultanément dans chaque projet.

Sous l'angle de la complexité et de la courbe d'apprentissage, il est aussi évident que l'observation de CMMi (même dans une vision Light) découragera immédiatement plus d'un Agiliste.

Pour les nostalgiques de la « cellule méthode », il reste toujours l'optique de monter une usine à gaz « comme au bon vieux temps » en multi-couplant CMMi, CMM-PSP, CMM-TSP, *Scrum*, XP et quelques autres techniques comme la gestion des exigences structurées ou la modélisation systémique dans le cas d'un BPM ou la modélisation technique dans le cas d'une SOA.

Lors de la lecture du papier produit par le SEI : *CMMi or Agile: Why Not Embrace Both !*, il m'est apparu évident que l'auteur était un spécialiste CMM et qu'il ne maîtrisait pas les sous-jacents d'une culture de projet Agile. Je le cite « *Regardless of the focus of CMMI or Agile, neither can entirely prevent simple human error, departure of key personnel, impact of incompetent personnel, active or passive insubordination, or deliberate sabotage.* »

Dans ma longue carrière, si je n'ai jamais été confronté à des cas de vrais sabotages délibérés, j'ai souvent constaté dans des organisations de projets classiques ce que l'on nommera pudiquement des « abandons de responsabilités » où les collègues par solidarité laissaient un déviant ne plus rien produire, voire affaiblir et démoraliser l'équipe. Le traçage des tâches des engagements de production étant individualisé et distribué par le management, les autres membres de l'équipe ne se sentaient pas directement concernés ni pénalisés.

Ce type de comportement n'est pas possible dans un projet Agile auto-managé dont la productivité est affichée et dont les récompenses se situent au niveau global de l'équipe.

En conclusion : le vrai problème ne se situe pas dans les aspects techniques. Il en coûte des milliers (voire des dizaines) de milliers d'euros afin de devenir certificateur CMM et ce « fric » alimente une pyramide financière (en comparaison *Scrum* est un regroupement d'enfants de chœur) dont les instances tiennent à la continuation.

D'autre part (d'expérience) une société qui va investir dans du conseil CMM souhaite que ce consultant la certifie au final. Lorsque le SEI aura créé CMMa en acceptant quelques techniques Agiles dans trois ou quatre secteurs, la messe sera dite. Les entreprises achèteront massivement la sécurité d'un processus mature se référant de l'agilité. Surtout celles ayant déjà investi dans CMM SW ou CMMi.

Plus de rupture organisationnelle : la continuité tranquille. Ces organisations passeront à coup sûr à côté des bénéfices de l'agilité réelle.

En pratique il est possible d'être CMM tout en choisissant d'utiliser certaines techniques Agiles. Par contre, il n'est pas possible de rester Agile en respectant CMM.

Dernier avis : compte tenu de la légèreté des supports méthodologiques Agiles actuels, les informaticiens et surtout les débutants ne devraient pas s'engager dans un projet utilisant une méthode de développement Agile sans avoir, au préalable, parfaitement assimilé le contenu des secteurs et les activités de CMM.

Lean, Kaizen, …

Les mêmes problèmes intemporels, jamais corrigés car intimement liés aussi bien à la culture des organisations qu'aux structures de pensées des générations de cadres, conduisent régulièrement à ressortir, en les renommant, les mêmes solutions.

Les années 80 virent reprendre la Qualité Totale (terme à consonance trop industrielle) sous le dénominatif « d'amélioration continue de la qualité de services » ou MTQS. Ensuite, le *Business Process Reengineering* jugé trop « dur » laissa sa place au *Business Process Management* que nous connaissons actuellement.

Il n'est pas impossible que le balancier des modes, s'appuyant sur les désillusions d'un mouvement Agile assimilé aux erreurs des amateurs de *Scrum*, nous propose un élargissement du champ d'action managériale et un retour « soft » aux pratiques exotiques, d'origines américaines, relookées « *made in japan* » : Lean, Kaizen, Kanban, … comme l'exprime Pascal Van Cauwenberghe dans son introduction au *Toyota way* « Thinking for the change ».

Le plus sérieux problème, selon moi, serait que le français n'est pas plus nord-américain qu'asiatique.

*Agilité et Flexibilité (*Lean*)*

La recherche d'optimisation et de flexibilité est devenue une préoccupation première pour tous les secteurs qu'ils soient industriels, commerciaux ou même des services. Aussi, certaines entreprises de pointe tentent d'appréhender l'Agilité par une approche similaire dans ses objectifs et par certains aspects mais très différente dans sa relation concrète avec les ressources humaines : la flexibilité ou *Lean*. Les différences concernent aussi bien les réelles motivations que la nature même de l'engagement.

Le *Lean* comme l'Agilité ne sont pas de simples techniques d'amélioration mais des méthodes globales de management. Leur objectif est de maintenir les organisations sous tension créative pour générer toujours plus de valeur en éliminant les gaspillages. D'après l'expérience de ceux qui les ont appliquées avec succès, ces approches répondent autant d'une attitude que d'un savoir-faire et sont basées sur des disciplines qui ne s'acquièrent que par la pratique et la persistance.

Les méthodes d'amélioration de la productivité basées sur le *Lean* comme le « *Toyota Production System* » ont fait leurs preuves mais si elles prennent bien en compte les aspects humains de la productivité et intègrent l'impact des nouvelles technologies, elles ne sont pas utilisables en l'état dans un contexte de développement applicatif.

Selon les détracteurs du TPS, le point le plus nocif est l'intériorisation des objectifs de production qui entraîne l'acceptation d'un travail collectif plus intensif. Un syndicaliste en donne cette vision « Le *teamwork* n'a rien à voir avec un travail plus agréable effectué en solidarité les uns avec les autres. C'est un système d'exploitation, où les exigences patronales d'accroissement de la productivité et de l'intensité sont intériorisées dans le groupe. »

Si le Lean est souvent assimilé à la flexibilité de la production industrielle, il n'en est pas de même pour l'Agilité qui a émergé d'une recherche d'amélioration du développement applicatif directement issue de l'intelligence collective des équipes qui le pratiquaient.

Le mouvement Agile n'apprécierait certainement pas l'amalgame de ses valeurs associées aux contraintes imposées par le monde industriel à la productivité des employés. Même si apparemment dans ces deux approches, les équipes s'auto-organisent dans le but d'atteindre leurs objectifs, l'équipe Agile dispose du privilège de déterminer elle-même sa capacité de production.

De toute façon, il n'y a pas grand-chose de comparable entre la productivité industrielle de masse et le relatif artisanat d'un développement informatique. Cette différence doit être analysée dans une vision concrète de la réalité, car des théoriciens de l'universalité de la chose n'hésiteront pas à démontrer le contraire.

Ces réflexions ne sont pas non plus un rejet total des pratiques du *Lean,* bien au contraire, mais constituent un simple avertissement : il ne faut pas assimiler comme identiques des approches qui sont simplement similaires.

PUMA Essentiel

La maîtrise des projets de SI

PUMA Essentiel

Rappels des principes Agiles

Comparer une méthode de conduite de projet classique avec une méthode Agile sous l'angle de la gestion du risque projet (délais, qualité, etc.) peut être édifiant pour un cartésien :

- L'approche classique tente de réduire les risques par une démarche spécifique et déterministe dont les coûts préventifs (analyse, détection, suivi et correctif) ne sont pas négligeables.
- Les méthodes Agiles, totalement pragmatiques, s'appuient sur la compétence des équipes de développement qu'elles engagent dans des pratiques permanentes orientées performance et validation afin d'éviter naturellement la concrétisation du risque.

Toutes les méthodes se situent concrètement à divers degrés sur une échelle les positionnant de la plus prédictive à la plus adaptative.

Si l'on souhaite disposer d'une vision du champ d'application des diverses méthodes actuelles, il est nécessaire de les répertorier en fonction de ces critères. Les différences ainsi mises en exergue justifient alors l'analyse fine de l'environnement du projet et du type de l'application afin de déterminer quels aspects de la méthode permettront de limiter les risques ainsi révélés et quels niveaux de service méthodologique et de qualité applicative seront mis en œuvre.

Le paradigme des méthodes classiques serait la prédictibilité. Le paradigme des méthodes Agiles serait l'adaptabilité. Soyons clairs : aucune approche n'est réduite à une seule de ces visions. Toutes tentent de composer avec la contradiction d'une souple rigidité avec plus ou moins de finesse et avec plus ou moins de succès en fonction du contexte :

- Les méthodes prédictives tentent de réduire l'incertitude dès le début du projet par une planification très précise et très détaillée. Cette levée de risque implique que les exigences de l'application soient figées.
- Les méthodes Agiles partant d'une planification initiale, réévaluée régulièrement, s'adaptent aux évolutions du contexte. La réévaluation servira de base à une prise de décision de type Go ou NoGo à chaque grand changement appliqué au projet initial.

Un des points significatifs du concept Agile implique des ressources rationnellement motivées focalisées sur le service à rendre et non plus sur le produit à réaliser.

L'Agilité crée alors une véritable dynamique d'équipe qui séduit à la fois le client et les développeurs : le client retrouve un rôle central dans le développement, et les développeurs participent à tous les aspects du développement et travaillent véritablement en équipe.

À ce jour, une dizaine de méthodes répondent aux critères permettant de se réclamer du qualificatif d'Agile. Voici les 4 principes fondamentaux (valeurs) de l'Agilité tels qu'ils sont décrits par le *Manifeste Agile* :

- Privilégier la communication et l'interaction qui en résulte à la contractualisation des spécifications. Pour ce faire, les méthodes Agiles se concentrent sur les individus et les interactions, plutôt que sur les procédés et les outils. Elles s'appuient sur l'expertise des développeurs et favorisent la communication avec l'utilisateur.
- Privilégier la compétence et l'implication des ressources plutôt que le respect de processus formel et d'une vision « outillée à l'extrême » des développements. Pour ce faire, les méthodes Agiles favorisent la production d'un logiciel fonctionnel, plutôt que d'une documentation trop lourde susceptible de devenir un véritable frein au processus de développement.
- Privilégier la livraison de fonctionnalités réelles plutôt que la production d'une documentation pléthorique. Pour ce faire, les méthodes Agiles donnent la priorité à la collaboration avec le client et non à la négociation de contrats. Le client devient alors un partenaire participant au développement et induisant la dynamique applicative la plus à même de répondre à ses besoins.
- Privilégier l'acceptation du changement et la modification des priorités plutôt que le respect d'une planification figée. Pour ce faire, les méthodes Agiles préconisent d'accepter les modifications sur la base d'un échange gagnant-gagnant, afin d'atteindre un compromis entre les spécifications initiales sur lesquelles se fondent le planning et les besoins réels éventuellement mouvants.

En matière d'Agilité et de cycle Itératif-incrémental, la notion de planification est le plus souvent mal comprise. Toutes les méthodes Agiles sont en fait semi-itératives et débutent par une étape d'exploration du problème et de planification de sa solution. Que l'étape s'intitule *Release Planning* au niveau du projet, *Planning Game* au niveau d'une release, ou *Standing Meeting* au niveau d'une journée ou d'un Jalon « Zéro-Défaut », ne change rien au principe que l'adaptabilité doit rester sous contrôle.

Une approche Agile est par essence adaptative, elle accepte le changement mais en mesure les conséquences

Selon le contexte, le changement et son acceptation se présentent avec plus ou moins d'acuité, et les négociations sont plus ou moins importantes ou formelles. Dans tous les cas, la remise en cause du plan initial (le Contrat projet) nécessite une nouvelle évaluation et une nouvelle planification donnant lieu à un échange gagnant-gagnant.

Les tâches concernant les fonctionnalités à introduire ou à modifier sont alors planifiées selon leur priorité, repoussant (vers le bas de la pile ou dans un autre contrat projet) les fonctionnalités les moins importantes. Cette négociation consensuelle implique une capacité d'évaluation objective des tâches à introduire ou à déporter ainsi qu'un outillage Agile de Gestion de configuration.

Bien que similaires de par leurs principes et leurs pratiques communes, les méthodes Agiles offrent des couvertures plus ou moins complètes en regard des préoccupations génériques d'un chef de projet :

- Respect de l'urbanisation (positionnement projet / SI) ;
- Pilotage (gestion des ressources, planning, suivi, qualité, *reporting*, visibilité) ;
- Ingénierie de l'application (gestion Exigences, conception et développement, validation) ;
- Conduite du changement (impacts organisationnels).

Toute la difficulté du choix de la bonne méthode en fonction du contexte général de l'application ou du contexte projet réside d'ailleurs en cela. En sélectionnant les meilleures pratiques Agiles dans la compréhension d'un niveau méthodologique variable en fonction du projet, PUMA offre à cette préoccupation une réponse homogène et progressive aussi puissante qu'élégante.

Pratiques communes aux méthodes Agiles

Kent Beck a expliqué comment émergeaient les « best practices ». La recette est simple. Il faut analyser les projets performants et identifier les facteurs déterminants. Isoler et tester ces pratiques puis les « pousser à l'extrême » et faire le bilan. Enfin les généraliser en communiquant sur leurs avantages et en les déployant. Le tronc des pratiques communes est le suivant :

1 - Les pratiques communes liées aux **ressources humaines**

- Participation de l'utilisateur final aux groupes de travail.
- Groupes de travail disposant du pouvoir de décision.
- Autonomie et organisation centralisée de l'équipe (motivation).
- Spécification et validation permanente des Exigences.

2 - Les pratiques communes liées au **pilotage du projet**

- Niveau méthodologique variable en fonction des enjeux.
- Pilotage par les enjeux et les risques.
- Planification stratégique basée sur des itérations rapides.
- Réalisation en jalons (itératif-incrémental-adaptatif).
- Recherche continue d'amélioration des pratiques.

3 - Les pratiques communes liées à la **qualité de la production**

- Recherche d'excellence technique de la conception.
- Vision graphique d'une modélisation nécessaire et suffisante.
- Vision de la documentation nécessaire et suffisante.
- Normes et métriques raisonnables de qualité du code.
- Architecture à base de composants.
- Gestion des changements automatisée.

Pratiques différenciatrices des méthodes Agiles

Seules quelques techniques complémentaires entre elles, ou mieux adaptées à des typologies et à des tailles de projets spécifiques, les différencient. Passons maintenant en revue les pratiques différenciatrices les plus marquantes.

- La méthode DSDM se particularise par la spécialisation des acteurs du projet dans une notion de « rôles ». Ainsi, l'on trouvera dans les réunions DSDM des sponsors exécutifs, des ambassadeurs, des utilisateurs visionnaires, des utilisateurs conseillers, sans oublier l'animateur-facilitateur et des rapporteurs.
- La méthode *SCRUM* affirme sa différence dans des pratiques de courtes réunions quotidiennes. Ces temps de travail commun ont pour objectifs d'améliorer la motivation des participants, de synchroniser les tâches, de débloquer les situations difficiles et d'accroître le partage de la connaissance.
- Pour FDD, la particularité nommée *Mission focused* réside dans une forte orientation vers un but immédiat mesurable. C'est en fait l'ambition globale d'une itération qui se trouve ainsi renforcée. Cet aspect se retrouve aussi dans la méthode RAD sous la forme des

objectifs de Focus ou dans *Scrum* dans la notion de *Sprint*. FDD préconise aussi le *Features Driven Development*. Cette technique se caractérise par des notions de *Feature* et de *Features set* (fonctionnalités et groupes de fonctionnalités). La priorité est donnée aux fonctionnalités porteuses de valeur. Le RAD propose des techniques proches : livraison en fonctionnalité réduite ou livraison par thèmes.

- XP est très axé sur la partie Construction de l'application. Une de ses originalités réside dans l'approche de planification qui se matérialise sous la forme d'un jeu intitulé *Planning game* et qui implique simultanément les utilisateurs et les développeurs. On notera aussi des techniques particulières liées à la production du code comme la programmation en binôme, l'appropriation collective du code, le remaniement du code *et* l'intégration continue. La méthode RAD préconise dans ce sens des revues de code personnelles, puis collectives et l'intégration avant chaque Focus. Par contre, le RAD limite la programmation en binôme aux parties les plus stratégiques.
- 2TUP préconise un cycle de vie en Y qui dissocie et parallélise la résolution des questions fonctionnelles et techniques. Le cycle de vie de 2TUP s'apparente à un cycle en cascade mais introduit une forme itérative interne à certaines tâches. Il n'est pas certain que ce cycle s'apparente réellement à une approche Agile. Par contre, 2TUP préconise des formes de recherche de qualité et de performance intéressantes telles que les services réutilisables et la conception générique (*Framework* et *Design pattern*) proches des mécanismes architecturaux de RUP.
- RUP se caractérise par une approche globale nommée « Vue 4+1 ». Les 5 composants de cette vue sont : la vue des Cas d'utilisation, la vue Logique, la vue d'Implémentation, la vue du Processus, la vue du Déploiement. RUP offre aussi, à l'identique du RAD 2, un Processus guide formel et adaptable comme guide d'activité. Dans le cas de RUP, il est malheureusement propriétaire et orienté outil.

PUMA a repris aussi les techniques RAD et RAD 2 qui semblaient les plus pertinentes :

- Le plus sérieux apport du RAD à la communication de projet et à la formalisation des exigences applicatives : le Groupe d'Animation et de Rapport (GAR).
- Le RAD dans sa version 2 recommande la variabilité de la taille et de la maturité des groupes de travail en fonction des phases du projet

afin d'optimiser l'engagement des ressources et de préserver leur intérêt par un travail adapté à leurs préoccupations.

- Avec RAD 2, l'organisation performante des réunions est basée sur un mode opératoire des entretiens et sur des techniques de validation permanente.
- Toute méthode de conduite de projet devrait inclure un mode opératoire pour les arrêts d'urgence (Go/NoGo). Sur ce point la force du RAD se situe dans la présence d'un animateur-facilitateur neutre en regard des autres intervenants. Il répond à une autorité supérieure à tous les participants du projet. Ainsi, lorsque le contexte stratégique, économique ou technique d'un projet évolue, ou si les conditions de réalisation se dégradent, l'animateur reporte le problème au dirigeant qui l'a mandaté. Ce dernier peut alors prendre, dans les meilleurs délais et avec des informations objectives, les décisions qui s'imposent.
- Le RAD comme les autres méthodes Agiles préconise la formation d'une équipe de développement particulière, le *SWAT (Skill With Advanced Tools).* Cette équipe est autonome, spécialement formée, concrètement motivée et outillée. Elle se compose essentiellement d'un profil unique de concepteurs-développeurs formés à des spécialités techniques complémentaires. Le SWAT travaille avec les utilisateurs dans une salle permanente spécialement équipée style *War room*.

Le modèle fédérateur de PUMA

Une fois les pratiques communes isolées des pratiques différenciatrices il est aisé d'imaginer ce que devrait être la méthode optimale en fonction d'un type particulier de projet :

- La méthode Agile optimale se composerait de l'ensemble ou d'une sélection des pratiques communes auxquelles il conviendrait d'ajouter la ou les pratiques spécifiques judicieuses en fonction du contexte.
- L'ensemble de ces aspects s'inscrivant obligatoirement dans un niveau variable de service méthodologique.

Voici posées les bases du Moteur de Projet PUMA. Pour optimiser son usage, la compréhension du projet et de son environnement de contraintes est indispensable.

La méthode *PUMA Essentiel*

Vers une méthode complète et homogène

L'expérience amène à penser que la méthode Agile idéale pour un contexte projet particulier s'appuierait sur une utilisation optimisée des pratiques du tronc commun et s'adjoindrait une sélection des pratiques spécifiques utiles à ce contexte. Ainsi est né *PUMA,* le Processus Urbanisant les Méthodes Agiles, dont les communications initiales se trouvent sur les sites d'ADELI.org et maintenant AgileAlliance.com. Tout en respectant les apports des approches qui l'ont précédé, *PUMA* s'affirme donc comme la première formalisation d'une nouvelle génération de méthodes globales et « à la carte »[19].

Note : les entreprises qui s'engagent dans une approche agile sont généralement surprises par le nombre et la profondeur des changements nécessaires. Les difficultés rencontrées lors de la mise en œuvre de l'agilité sont toujours le reflet de l'incapacité de l'organisation à accepter de résoudre ses conflits internes.

La méthode PUMA Essentiel

La simplicité d'une méthode détermine son adoption, aussi la structure de *PUMA* s'appuie sur la métaphore du moteur *pour* limiter à quatre le nombre de ses éléments Essentiels.

Pour réussir un projet, au-delà d'une motivation rationnellement obtenue des personnes impliquées, il faut réunir quatre ingrédients essentiels : communication, structuration, méthode, technicité. Dans le quotidien des projets d'entreprise, cette présence simultanée des conditions minimales de réussite est très rarement observée.

C'est sur la base de ce constat que *PUMA Essentiel* propose un cadre basé sur 4 moteurs Agiles de réflexion et d'action :

Note : les deux premiers moteurs peuvent très bien s'appliquer à des projets d'organisation sans aboutissement informatique.

[19] Proposition de projets étudiants sur www.MyMethode.com

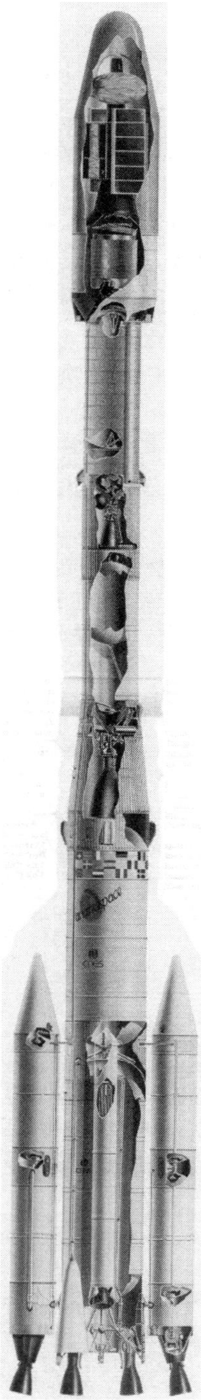

Les 4 moteurs Agiles de réflexion et d'action :

1. Un moteur de Communication pour faciliter l'engagement et le consensus.
2. Un moteur de Solution pour structurer l'expression des exigences et la formalisation de la solution.
3. Un moteur de Pilotage pour gérer la performance de l'engagement.
4. Un moteur de Réalisation pour assurer la qualité fonctionnelle et technique de la solution.

Chacun des moteurs s'appuie sur 4 pratiques Agiles pour couvrir, dans le cadre d'un développement, le scope des aspects humains, organisationnels, économiques et techniques.

1. Le moteur de Communication sera utilisé systématiquement par les utilisateurs en maîtrisant les pratiques. Son utilité devient évidente en environnement organisationnel difficile.
2. Le moteur de Solution se caractérise par un modèle utilisé naturellement par les utilisateurs en ayant acquis les concepts. Par contre, son utilité n'apparaît que lorsque la problématique est suffisamment complexe pour justifier l'effort initial de l'apprentissage et de la mise en œuvre.
3. Le moteur de Projet est basé sur un pilotage itératif-incrémental et des pratiques Agiles (estimation, priorité, risque) ainsi que sur des techniques de gestion de réunion, de monitoring, de *reporting* mural (*Information radiator, Burndown chart, etc.*).
4. Le moteur de Réalisation est basé sur des pratiques de conception-développement de type « XP » qui seront utilisées dans le cas de projets portant sur le développement d'une application. Si le projet n'est pas un développement, un autre processus spécialisé lui sera substitué.

Des « moteurs à quatre temps »

Les quatre moteurs ne sont pas obligatoirement utilisés dans chaque projet. Chaque moteur est instrumenté par 4 pratiques Agiles.

Le moteur de Communication

Il a pour but d'obtenir un engagement formel des diverses ressources impliquées dans le projet. Il préconise aussi des techniques d'entretien et une structure d'organisation des réunions :

1. Initialisation du Projet (acceptation charte et itérations).
2. Pré-session (organisation d'un entretien).
3. Session (traitement des thèmes).
4. Post-session (alimentation du plan de développement (ou *Backlog*)).

A l'inverse, lors de la construction de l'application, ce sont des relations faiblement structurées, plutôt basées sur la disponibilité régulière et l'implication personnelle, qui sont recherchées entre les binômes de développement et leurs utilisateurs de références.

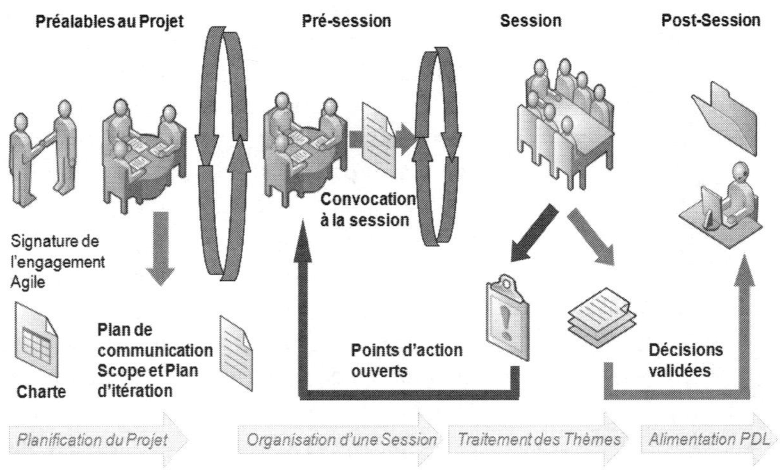

Figure 33. — Moteur de communication

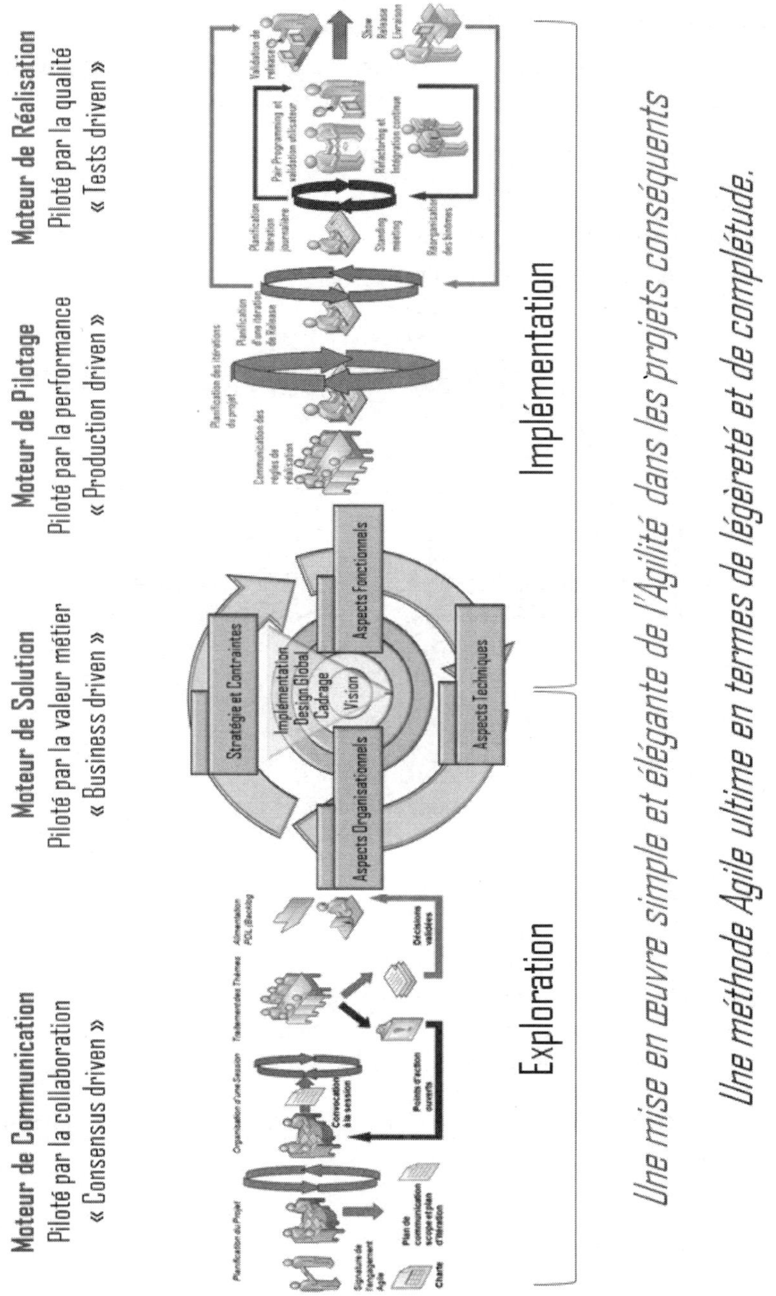

Figure 34. — Les 4 « moteurs » de PUMA Essentiel

Le moteur de Solution

Il est structuré par les **quatre classes de préoccupations** représentatives de la nouvelle Expression des Exigences :

1. Aspects Stratégie et Contraintes.
2. Aspects Fonctionnels.
3. Aspects Technologiques.
4. Aspects Organisationnels.

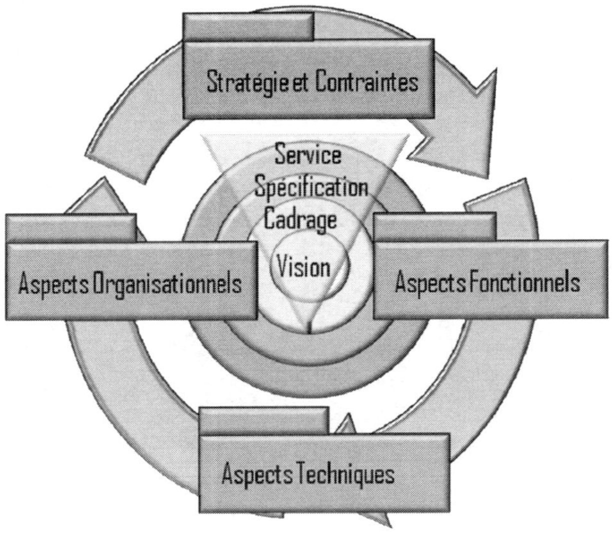

Figure 35. — Moteur de Solution

Ces aspects s'explorent dans l'ordre fondamental précisé. Par contre, et toute la complexité relative de l'opération ainsi que sa pertinence résident dans ce principe, ils doivent, afin de prendre en compte la globalité des interrelations et des dépendances induites, être appréhendés globalement et de manière itérative.

Généralement l'exploration se limite à **quatre niveaux de profondeur itérative** :

1. Vision.
2. Cadrage.
3. Formulation.
4. Service.

Note : dans les petits projets, un seul niveau du type de l'étape d'exploration XP peut s'avérer suffisant

Les Exigences sont, dans un premier temps, considérées comme des « Visions », pour devenir par affinement des « Cadrages », puis des « Spécifications » et finalement des « Services ».

Note : ce dernier aspect est un point central en termes d'identification et de granularité dans le cadre d'une architecture orientée services (SOA). Plusieurs autres techniques d'animation ou de facilitation sont disponibles dans la boîte à outils complète de PUMA.

Le moteur de Pilotage et le moteur de Réalisation

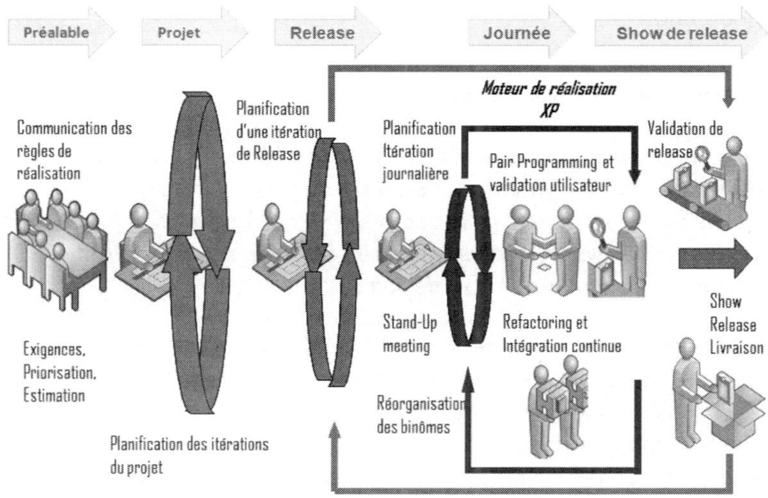

Figure 36. — Moteur de Réalisation

Des pratiques basiques essentielles permettent la gestion des itérations :

1. Expression des Exigences (*liste des Récits utilisateurs*).
2. Planification (priorité, estimation, risques).
3. Radiateur d'informations (*Monitoring* et *Reporting*).
4. Maîtrise de la Vélocité.

Des pratiques basiques essentielles garantissent la performance et la qualité de la conception-développement :

1. Pilotage par les tests.
2. Programmation en binôme et rotation.
3. Remaniement du code.
4. Intégration et assemblage *(Build)* continus.

Ces deux moteurs sont le plus souvent couplés, ils représentent souvent à eux seuls un outil suffisant pour répondre aux besoins de développements simples dans un contexte organisationnel léger. Le développement se compose alors de deux groupes de pratiques, l'une liée au pilotage des itérations et l'autre à la construction de l'application.

Techniques associées au couplage des moteurs

Dans la plupart des organisations, le problème n'est pas tant la réalisation ou la conduite du projet technique que la formalisation d'une expression consensuelle des besoins et des responsabilités par de nombreux intervenants. C'est de cette problématique que traitent les moteurs de Communication et de Solution.

Ces moteurs sont en fait des modèles d'animation et de facilitation des relations interpersonnelles qui se situent à la convergence de la plupart des problématiques d'évolution de l'entreprise. Ils sont aussi de puissants moyens d'enrichissement des modes de travail qui facilitent la fluidification des communications ainsi que l'adoption du savoir être et du savoir-vivre coopératif.

Note : leurs impacts organisationnels dépassent notablement la simple production d'une solution, aussi performante ou utile soit-elle. Ils sont à la base de la dynamique applicative dans une approche de pilotage « par la valeur métier ».

Pilotage du projet

Dans les projets actuels, des principes d'ouverture et de transparence, basés sur l'accroissement simultané de la communication et de l'engagement de toutes les ressources impliquées, sont désormais indispensables au succès. Cette fusion des relations des diverses parties dans une équipe unique (*The Team*) est le propre de l'approche Agile qui révolutionne à la fois la vision consensuelle de l'engagement et la responsabilité collective qui en découle (appropriation, *Go-NoGo*).

Note : le plus important à formaliser est le niveau réel de délégation dont disposent les participants et leur capacité pratique à s'impliquer. Ces points font l'objet d'une charte préalable au lancement du projet.

Engagement des ressources

Dans un entretien Agile sont réunis simultanément, suivant un plan de communication préalablement accepté, ceux qui : savent quoi faire, savent comment faire, décident de faire, passent à l'action.

Le principe de réactivité préconisé par l'approche Agile implique une action conjointe de tous les intervenants. La présence simultanée des informaticiens et des utilisateurs évite les déperditions d'énergie comme d'informations et permet de réaliser des opérations de validation permanente.

Cette validation sera renforcée périodiquement par des contrôles (***Shows***) élargis à l'ensemble des parties prenantes, lors desquels la solution sera présentée dans le détail d'une démonstration opérationnelle.

Les utilisateurs participants sont pressentis sur la base de :

- leur maîtrise du métier dans sa réalité opérationnelle quotidienne ;
- leur vision projective de l'évolution prévisible du contexte ;
- leur représentativité au regard des autres utilisateurs ;
- leur intérêt affirmé pour l'amélioration de l'outil de travail.

Note : il faut garantir concrètement à ces professionnels de terrain des conditions organisationnelles permettant un engagement à plein temps si nécessaire. La qualité et la rentabilité des projets sont à ce prix.

Facilitation des entretiens

Une des techniques Agiles de communication est le Groupe d'Animation et de Rapport où s'expriment conjointement tous les acteurs. S'il est préférable que l'animateur (interne ou non) soit neutre, les rapporteurs peuvent être issus des parties impliquées dans le projet, chacun assumant un des rôles déterminés par sa spécificité.

Formalisation des exigences

Dans la résolution des problématiques, même complexes, une approche structurellement simplifiée de l'expression des exigences peut résoudre bien des difficultés de formalisation. C'est sur une base de dissociation des responsabilités entre « Espace du besoin » et « Espace de la solution » que se construit un projet *PUMA*. Cette dissociation des espaces de formalisation n'implique pas la séparation des ressources impliquées, mais leur participation simultanée.

Mode plateau et mode projet

Bousculer un certain seuil d'inertie exige de changer simultanément le contexte, les méthodes et les outils : c'est-à-dire décentraliser les responsabilités et travailler en « mode projet »[20] et en « mode plateau ». Les projets menés suivant cette approche sont des succès. Au regard de ce constat, on est en droit de s'étonner de la continuité, voire du développement d'une gestion matricielle des ressources.

Figure 37. —Réelle plateforme de travail coopératif

Les quatre chapitres suivants présentent le détail des moteurs.

[20] En mode projet, les ressources sont totalement isolées et engagées dans une mission unique. En mode plateau, les ressources sont physiquement concentrées dans un espace commun unique.

Le moteur de Communication

Organisation des entretiens en environnement complexe

Le moteur de Communication

Principes opératoires des entretiens

Une participation intensive des utilisateurs caractérise ces entretiens « structurés » (Figure 38). Le mode opératoire des communications est organisé en 3 étapes : pré-session, session, post-session.

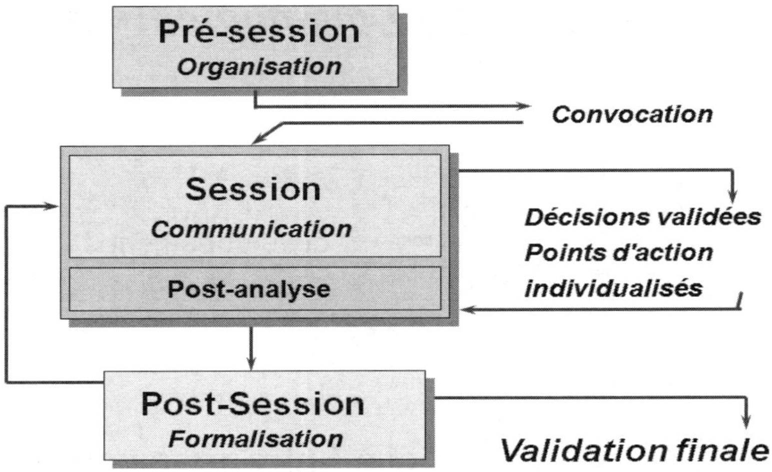

Figure 38. — Communication structurée, mode opératoire

Le mode coopératif est la seule possibilité positive lorsqu'il s'agit de construire une relation durable et d'intérêts mutuels.

Dans un entretien Agile sont réunis simultanément, suivant un plan de communication préalablement accepté, ceux qui :

- savent quoi faire,
- savent comment faire,
- décident de faire.

Note : un circuit informel devra se mettre en place entre les participants au projet et leur hiérarchie d'origine. Afin d'éviter tout malentendu, il faut enseigner à la hiérarchie les différences entre les principes d'action propres aux projets transverses et leurs pratiques habituelles de commandement.

Pré-session

Le succès d'une relation de travail dépend en général de la manière dont elle s'est engagée. Dans cet environnement chaque instant compte et peut être une occasion manquée, il est donc crucial que la communication soit immédiatement claire, ouverte et transparente.

La pré-session délimite les thèmes à traiter lors de la session et en détermine les prérequis. Le **minutage des thèmes** est la première des techniques à utiliser.

Une session non minutée conduit au dépassement du temps prévu ou au report du traitement de certains thèmes. Au-delà du retard, cette situation déclenche une cascade d'inconvénients, particulièrement lorsqu'il existe des dépendances entre les thèmes traités et les thèmes non traités.

Le produit de la pré-session est une convocation envoyée aux participants.

Voici, en synthèse, la structure de l'étape de pré-session :

- Délimiter les thèmes.
    - Mettre en place des équipes par thème.
    - Affecter un pilote à chaque thème.
    - Définir des niveaux d'objectifs par thème.
    - Lister des prérequis.
- Minuter les étapes.
- Identifier les intervenants.
    - Pour action.
    - Pour information.
- Vérifier les habilitations.
- Émettre les convocations.

La pré-session est un exercice d'organisation.

Note : pour des raisons d'efficacité optimale, dans le cas d'absence d'une des ressources indispensables, la session est reportée (les ressources indispensables sont qualifiées « pour Action » dans la convocation).

Session

La session est une étape de **résolution progressive** des problèmes.

Le principe est une recherche de **consensus** entre les participants, suivie d'un **verrouillage de la décision.**

L'animateur s'appuie sur le **minutage** prévu lors de la pré-session pour obtenir un avancement cohérent.

Les thèmes programmés sont traités et clôturés successivement sans retour.

Le traitement des thèmes s'effectue par **résolution directe**, par **consensus** ou par **arbitrage.**

Les points ne pouvant être traités immédiatement donnent lieu à l'ouverture du pilotage d'un **point d'action**.

Les décisions prises font l'objet d'une **validation immédiate** formelle. Le produit d'une session est un rapport récapitulatif des décisions validées et des points d'action restant ouverts.

Voici, en synthèse, la structure de la session de spécification-validation :

- Introduction à la session.
    - Présentation des thèmes et du minutage.
- Traitement des thèmes.
    - Résolution directe par consensus ou arbitrage.
    - Résolution différée et ouverture d'un point d'action.
- Conclusion de la session par récapitulation
    - Des décisions validées,
    - Des points d'action individualisés.

La session est un exercice de communication.

Post-session

La post-session entérine la clôture de tous les thèmes et des points d'action s'y rapportant. Le produit de la post-session se concrétise par l'enrichissement du plan de développement de la solution.

La post-session est un exercice de formalisation

Principes méthodologiques des entretiens

La distinction devant être faite entre **séance de spécification** et **séance de validation** générale est de la plus grande importance.

Les exigences du projet sont spécifiées durant des séances où œuvre un cercle composé essentiellement d'utilisateurs de base et de cadres opérationnels. La production de ce cercle doit ensuite être validée par un niveau supérieur d'encadrement lors d'une séance de présentation générale (Show ou Focus).

Lors d'une validation, il n'est pas question de refaire le travail de spécification mais simplement d'en confirmer la pertinence ou, dans le cadre d'une divergence, de demander un approfondissement du sujet.

Un contexte où la séance de validation se transforme en séance de spécification et met en évidence des différences de vision entre les utilisateurs de base et la hiérarchie est un signe évident de dysfonctionnement de l'organisation. Le responsable du Plan de communication doit alors réagir en modifiant la composition des groupes de travail pour y intégrer un niveau supérieur d'encadrement, ou, à défaut, le projet s'enlise.

Parfois, le cas à traiter implique de modifier très concrètement les pratiques d'un encadrement n'acceptant pas les remises en question. Cette situation n'est pas aisée.

Lorsqu'il est possible d'obtenir l'attention des cadres concernés, il faut leur proposer une courte information. Elle portera sur la distinction entre spécification détaillée et validation générale, sur la notion de granularité de préoccupation et sur les indispensables niveaux de profondeur itérative en tant que garde-fous d'un improductif et dangereux mélange :

- de besoins fonctionnels,
- de solutions techniques,
- d'impact organisationnel,
- de contraintes de réalisation.

Cette nécessité d'un minimum de rigueur est vitale dans les projets où la complexité réelle est cachée sous une apparence de simplicité fonctionnelle.

L'assistance aux utilisateurs (MOA) doit être « du métier », pas « de métier ». Une MOA efficace est une force de proposition fonctionnelle au fait du détail et de la réalité du processus métier. Aussi, les membres de la MOA d'un projet spécifique sont pressentis sur la base de :

- leur maîtrise du métier dans sa réalité quotidienne ;
- leur vision projective de l'évolution prévisible du contexte ;
- leur représentativité en regard des autres utilisateurs ;
- leur intérêt affirmé pour l'amélioration de l'outil de travail.

Il faut garantir à ces professionnels de terrain des conditions organisationnelles permettant un engagement à plein temps si nécessaire. La qualité et la rentabilité des projets sont à ce prix.

Principes organisationnels des entretiens

Dans les projets actuels, les rapports entre les partenaires du développement de SI ou de configuration de processus se complexifient au point de rendre caduques les formes classiques de management. La fonction de direction de projet unique fait alors place à l'action consensuelle et à la responsabilité collective.

Cette fusion des relations entre maîtrise d'œuvre et maîtrise d'ouvrage est le propre de l'approche Agile qui révolutionne à la fois la vision consensuelle de l'engagement et la responsabilité collective qui en découle.

Dans les organisations rigides, il peut néanmoins subsister un binôme composé d'un coordonnateur fonctionnel et d'un coordonnateur technique. Ils seront néanmoins tous les deux porteurs du même projet.

Principes techniques des entretiens

Organisation des entretiens

- Structuration des sessions de travail (3 étapes),
- Fréquence et durée variables en fonction de la phase,
- Nombre de participants optimisé en fonction de la phase,
- Maturité du groupe (2/3 de positifs et le reste de *challengers*).

Acteurs et rôles

- Participants de base (transfert d'information, validation),
- Utilisateur formalisateur (synthèse du discours),
- Utilisateur secrétaire (saisie des événements),
- Participant modélisateur (modélisation directe du discours).

Environnement de travail

- Environnement matériels et logiciels spécialisés,
- Salle de communication spécialisée, vidéoprojecteur,
- Communication monodirectionnelle (isolation externe).

Technique de facilitation des entretiens

Animer ou faciliter une session de formalisation des Exigences n'est pas toujours chose aisée. Faire appel à un expert de l'animation-facilitation des communications représente toujours une pratique qui, même si elle semble onéreuse initialement, finit par être économique à l'usage.

Les méthodes Agiles préconisent depuis longtemps cette structure de travail nommée GAR (Groupe d'Animation et de Rapport). Le GAR est généralement organisé autour d'un animateur-facilitateur dont la mission est d'obtenir une expression formelle et consensuelle des exigences par sa connaissance des techniques d'entretien, de prévision et de gestion des conflits.

Lors de l'expression des besoins, l'animateur va utiliser la double compétence de son expérience des projets et de ses talents de médiateur pour transformer ce qui était un affrontement entre deux cultures ou deux pouvoirs en une collaboration enrichissante pour les acteurs et efficace pour le projet et l'entreprise. S'il est impératif que l'animateur soit neutre, les rapporteurs peuvent, pour leur part, être issus des parties impliquées dans le projet.

L'animation-facilitation est un métier complexe et sensible. Il est basé sur la maîtrise des relations humaines autant que sur les techniques et outils modernes de communication. Voici donc, sans autre ambition que d'en décrire le principe simple et quelques techniques basiques, trois listes élémentaires permettant d'en comprendre l'utilité et l'action.

Objectifs pratiques de l'animation

- Maîtriser la dynamique du groupe.
- Organiser le développement des thèmes.
- Accroître la participation.
- Évacuer les conflits.
- Obtenir une progression raisonnable.
- Recentrer les thèmes.
- Reformuler les informations « floues ».
- Respecter les priorités, gérer le temps.
- Formaliser et valider une synthèse en « direct ».

Techniques basiques d'animation

▪ Question-test	Clarification d'un point.
▪ Appel à « l'un »	Demande opinion particulière.
▪ Appel à complément	Prolongement de l'étude.
▪ Question-écho	Avis du questionneur.
▪ Question-relais	Confirmation par renvois.
▪ Question-rappel	Demande de complément.
▪ Question-miroir	Élucidation point non évoqué.

Les spécialistes en animation-facilitation appliquent souvent des techniques telles que la Process Communication, l'Analyse Transactionnelle ou la Programmation Neuro-Linguistique.

Rôle de l'animateur

Le rôle principal de l'animateur est d'améliorer la communication et de faciliter le consensus. Il reste neutre et évite de s'investir personnellement dans la résolution des problèmes fonctionnels ou techniques.

L'animateur n'est, ni ne représente la Maîtrise d'Ouvrage ou la Maîtrise d'Œuvre. Il a juste la mission d'améliorer la compréhension réciproque des deux parties, sans les remplacer, ou tenter d'acquérir leurs connaissances respectives, ni surtout chevaucher leur champ de responsabilités.

L'attitude d'un animateur doit paradoxalement se composer de fréquentes interventions et d'une écoute totale. Il ne doit formuler aucun avis, seulement des questions. Ces questions doivent se limiter à des compléments de sujets déjà introduits par les utilisateurs. Le rôle de l'animateur est de veiller à la complétude du sujet abordé, avant d'engager le traitement du thème suivant. Pour ce faire, un certain nombre de techniques sont à sa disposition.

L'attitude générale de l'animateur doit être non directive sur le fond et directive dans la forme. Il n'émet aucune opinion personnelle, ne porte pas de jugement et ne favorise aucune opinion. Il n'ajoute rien au discours des participants. Un point à assimiler : à aucun moment, les participants ne discutent directement avec l'animateur. La directivité sur la forme a pour but principal de maintenir le thème au centre du débat.

Note : les problèmes liés à la fatigue, les tensions négatives et les autres formes de blocage, de freinage ou d'inhibition sont trop complexes pour être détaillés dans cet ouvrage.

Le moteur de Solution

Expression structurée des exigences

Le moteur de Solution

Dans l'entreprise à la recherche de performance, l'approche classique d'une hiérarchie appliquant des contrôles verticaux fait place à l'engagement de tous dans un processus horizontal orienté « services ». Les motivations théoriques des deux principes sont identiques, mais les moyens divergent pour une qualité de résultats sans commune mesure.

Nouveau formalisme des exigences

Dans les grandes organisations, le problème de l'évolution des systèmes d'informations n'est pas tant la réalisation ou la conduite du projet technique que la formalisation d'une expression consensuelle des besoins et des responsabilités. Lesquels sont partagés le plus souvent par de nombreux intervenants. C'est de cette problématique que traite le Modèle de Solution.

Le Modèle de Solution se situe à la convergence de la plupart des problématiques d'évolution de l'entreprise. L'impact organisationnel du Modèle de Solution dépasse notablement la simple production d'une solution, aussi performante ou utile soit-elle.

Le Modèle de Solution, avant tout, s'avère être un puissant moyen d'enrichissement des modes de travail. Il facilite la fluidification des communications ainsi que l'adoption du savoir être et du savoir-vivre coopératif.

Le principe de réactivité préconisé par l'approche Agile implique une action conjointe et simultanée de tous les intervenants durant l'ensemble des phases d'un projet. Ce point est particulièrement crucial lors des activités liées à l'expression des Exigences et à la recherche de la solution. Le plus souvent, d'ailleurs, ces deux aspects du problème fusionnent naturellement dans une approche Agile.

En matière de projets de changement, l'Agilité concerne en premier lieu une expression des besoins formalisée de manière consensuelle et exhaustive dans le cadre d'un Modèle de Solution à la fois dynamique, itératif et incrémental.

De plus, des principes d'ouverture et de transparence, basés sur l'accroissement simultané de la communication et de l'engagement de toutes les ressources impliquées dans le projet, sont désormais indispensables pour garantir le succès. Le danger n'est pas le changement mais l'inertie des structures.

Le point le plus important à considérer est le niveau réel de délégation dont disposent les participants. Les limites de cette autonomie de décision doivent être formalisées dans un document de type **contrat-projet.** Il est généralement signé lors d'un entretien préalable au lancement du projet.

Quatre classes d'exigences

Tableau 5. — Les classes d'Exigences

Niveau de préoccupation	Détermine	Correspondance en termes de formalisation
Stratégie et Contraintes	pourquoi quand combien	Vision des objectifs et de leurs priorités, des risques et des contraintes (de budget, de délais, de qualité, de visibilité).
Fonctionnel	comment	Description pragmatique du besoin sous la forme d'exigences (fonctionnalités, obligations et dépendances).
Technologique	avec quoi	Application des nouvelles technologies à la solution (matériel et logiciel).
Organisationnel	qui fait	Impact sur l'organisation et accompagnement du changement.

Le livrable représentatif du besoin doit désormais prendre en compte **4 classes d'exigences** qui s'appliquent aux **4 niveaux de préoccupation** suivants : stratégie et contraintes de réalisation, fonctionnel, technologique, organisationnel.

Lors des sessions de travail visant à la « formalisation-validation immédiate » de ces classes d'Exigences, celles-ci s'explorent chronologiquement dans l'ordre fondamental décrit dans le tableau.

Par contre, et toute la complexité relative de l'opération ainsi que sa pertinence résident dans ce principe, elles doivent être appréhendées globalement dans le souci d'une prise en compte immédiate des interactions et des dépendances induites (Figure 39).

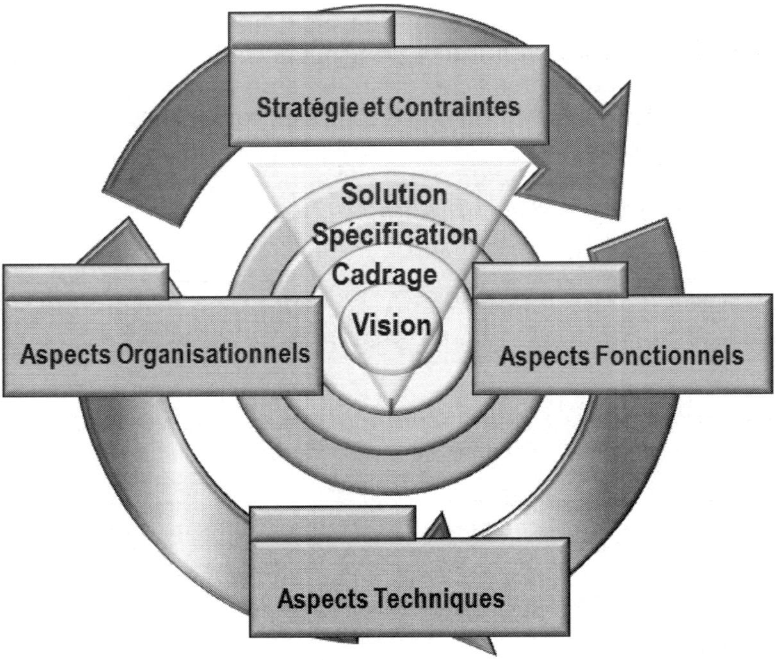

Figure 39. — Modèle Agile de Solution

Note : on remarquera la rupture avec le principe structurel et le cloisonnement des niveaux d'abstraction de Merise, qui privilégiaient l'organisationnel par rapport au logique et au physique, ainsi que l'apparition d'un paramètre « visibilité » en complément du classique trio (budget, délais, qualité) caractérisant les contraintes habituelles des projets.

À chaque itération ou étape (généralement des phases ou des jalons) et pour chaque préoccupation, un document de structure unique (basé sur les 4 classes d'Exigences standards) est utilisé pour le recueil des informations.

Les seules distinctions se remarqueront par l'importance prise par l'une ou l'autre des classes de préoccupations (Figure 40) ou leur niveau d'approfondissement.

Quatre niveaux de profondeur itérative

Selon l'avancement du projet les Exigences seront exprimées de plus en plus précisément (Figure 40). Cette **approche itérative incrémentale** se réalise dans un document unique sur quatre niveaux de profondeur :

1. **Vision** (compréhension et évaluation du problème) ;
2. **Cadrage** (justification et organisation du projet) ;
3. **Spécification** (conception de la solution) ;
4. **Solution** (réalisation et validation).

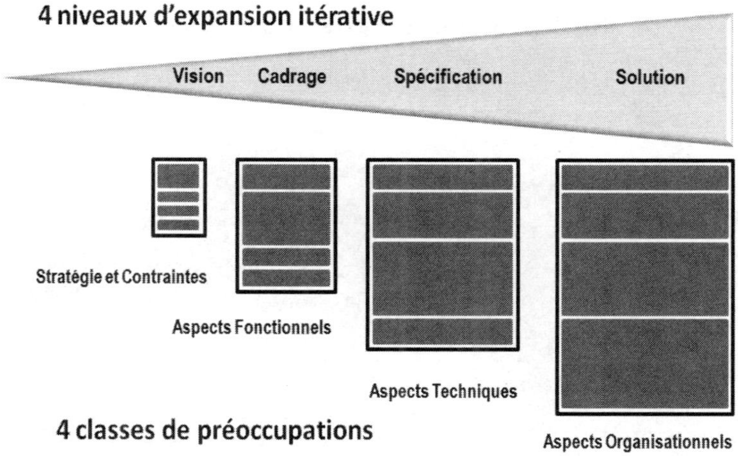

Figure 40. — Structure unique de document

Six avantages qualitatifs induits

Le moteur de Solution Agile se base sur les notions de « classes d'Exigences » et de profondeur itérative. Sa mise en œuvre se réalise par l'usage de huit pratiques basiques. L'ensemble induit naturellement 6 avantages qualitatifs :

- Communication formalisée,
- Validation permanente,
- Appropriation collective de la solution,
- Réactivité immédiate aux problèmes,
- Prise de responsabilité partagée,
- Capacité d'ingénierie simultanée.

La présence simultanée des représentants des informaticiens et des utilisateurs ainsi que le mode de travail coopératif Agile permettent de réaliser des opérations de **validation permanente**.

Cette validation sera encore renforcée périodiquement par des contrôles (*Shows* ou *Focus*) élargis à l'ensemble des parties prenantes, lors desquels l'état de solution sera présenté dans le détail d'une démonstration opérationnelle.

Si le moteur de Solution de PUMA Essentiel se limite à 4 pratiques basiques, le modèle de Solution complet comporte 8 pratiques et 6 principes fondamentaux.

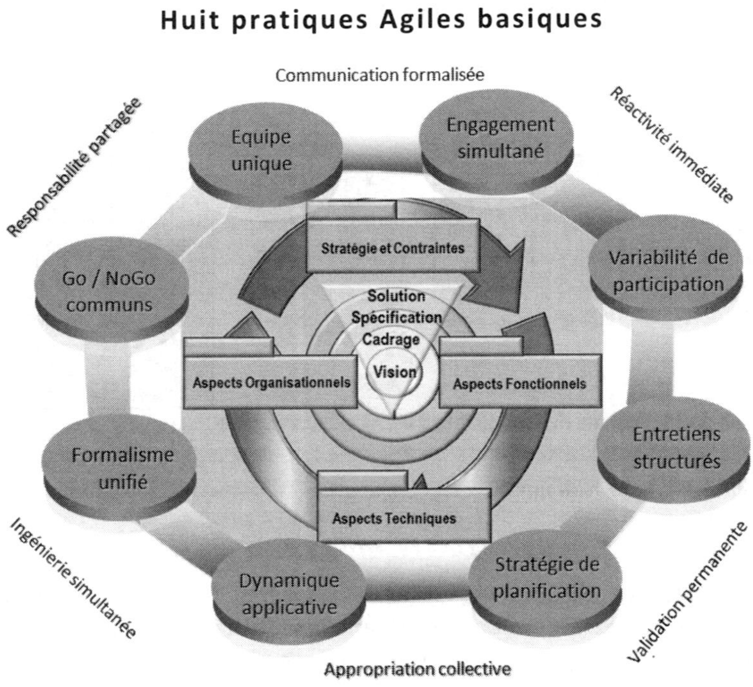

Figure 41. — Vision globale du concept de Modèle de Solution

Note : les cadres suivants offrent un aperçu des huit pratiques.

TEAM	*Équipe projet unique*
	Une équipe projet Agile est composée de l'ensemble des parties prenantes ainsi que des éventuels Experts et des utilisateurs réels (eux-mêmes considérés comme des experts de leurs activités). Cet engagement ainsi que sa forme et ses conditions sont formalisés dans un « Plan de Communication du projet ».
ENGA	***Engagement simultané des ressources***
	Les ressources impliquées interviennent simultanément dès le début réel du projet. Le but est d'obtenir une compréhension identique du problème par tous les acteurs et d'aboutir à la création d'un espace de connaissance homogène. Cette approche permet d'éviter une déperdition d'énergie liée aux répétitions ainsi que des risques d'erreurs, de redondances ou de divergences liées à de multiples formulations.
VARP	***Variabilité de participation***
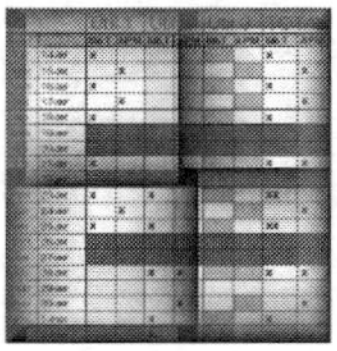	Afin d'optimiser l'engagement des ressources, le plan de communication applique aux groupes de travail un principe de variabilité selon la phase ou la profondeur de l'itération. Ainsi, la présence de cadres de haut niveau, indispensable lors du cadrage des enjeux ou lors de reconfigurations de processus, ne sera plus sollicitée lors des phases de spécification de détail.
ENTR	***Entretien structuré et facilité***
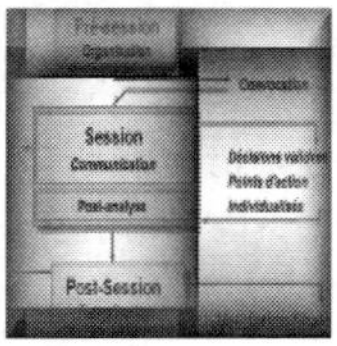	Un mode de travail collectif caractérise les entretiens, lesquels requièrent une participation intensive des utilisateurs. Le mode opératoire des communications est structuré en 3 étapes. Ces pratiques ont pour but d'obtenir une formalisation en direct et une validation immédiate des exigences exprimées. Elles nécessitent, outre la présence impérative des intervenants « pour action » du plan de communication, la disponibilité d'un environnement de travail isolé et instrumenté.

STRA	***Stratégie de planification***
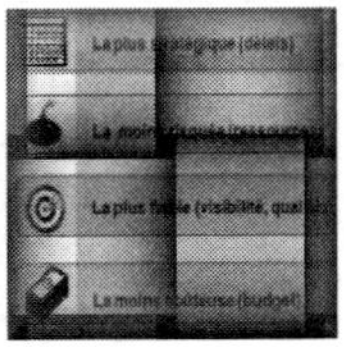	Une pratique de simulation et d'optimisation en matière de choix stratégique de planification permet de faire évoluer des scénarios en fonction des diverses contraintes du projet (délais, coût, périmètre, qualité, visibilité, risque). L'intérêt principal de cette pratique réside dans la mise en évidence immédiate des incidences de chaque option antagoniste envisagée.
DYNA	***Dynamique applicative***
	Les opérations de hiérarchisation des besoins ou de priorisation des fonctionnalités sont de la responsabilité de la MOA mais font l'objet d'un *planning game* avec la MOE qui dispose des connaissances permettant de mettre en évidence des dépendances techniques. Cette pratique détermine des choix de développement (thèmes utilisables ou stabilité temporelle des composants).
FORM	***Formalisme unifié***
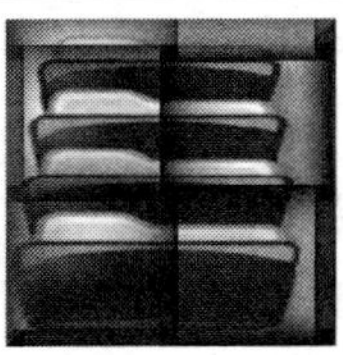	À chaque itération ou étape (généralement des phases ou des jalons) et pour chaque préoccupation, un document de structure unique (basé sur les 4 classes d'Exigences) est utilisé pour la formalisation des informations. Les seules distinctions se remarqueront par l'importance prise par l'une ou l'autre des classes de préoccupations ou leur niveau d'approfondissement.
GONO	***Go/NoGo communs***
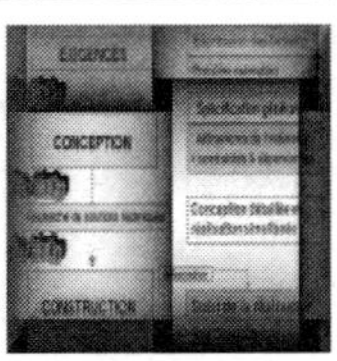	Travaillant sur une base unique de connaissances obtenue lors d'un travail commun de compréhension et de validation, les décisions de poursuite de l'action sont prises collectivement dans un mode gagnant-gagnant protégeant aussi bien les intérêts du projet que ceux de la solution.

Résumé des pratiques utilisées

Le modèle Agile de solution se résume donc en termes de pratiques à deux groupes distincts, traitant des deux aspects les plus importants de la définition d'une solution :

- La communication et la gestion des relations interpersonnelles.
- La formalisation de la dynamique applicative dans une approche de pilotage « par la valeur ».

En ce qui concerne les problèmes de relations interpersonnelles, se connaître soi-même est aussi important que de décoder les modes de communications et les réelles attentes des autres. Le perfectionniste pourra sur ce sujet approcher les fondements du *Process Communication Model* qu'il pourra compléter par une compréhension des techniques de base de la Programmation Neuro-Linguistique *(voir Moteur de Communication).*

La modélisation Agile

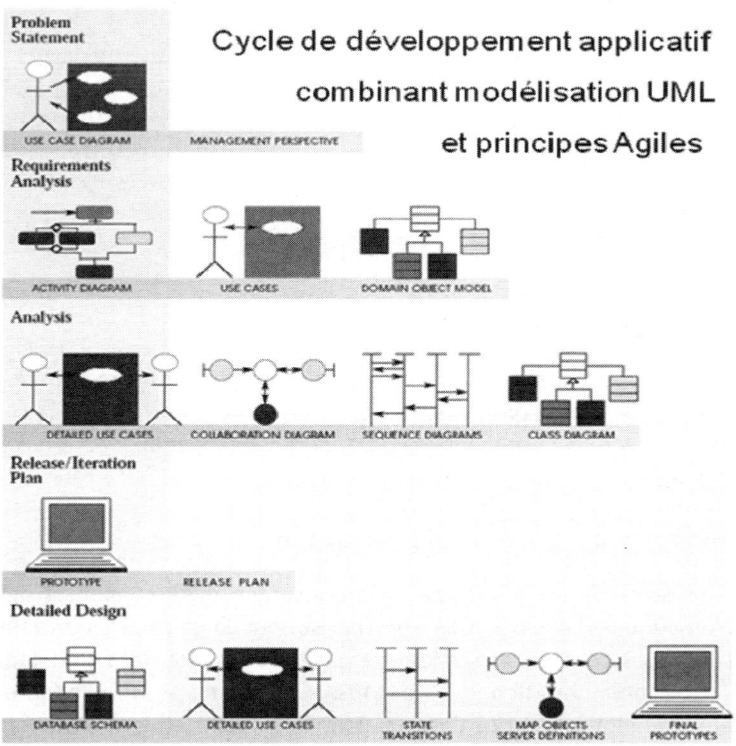

Figure 42. — Une modélisation optimisée (Agile modeling)

Selon l'*Agile modeling* les diagrammes UML sont d'une utilité variable en fonction du contexte et ne sont pas tous indispensables :

- Les plus utiles pour la maîtrise d'ouvrage sont les diagrammes d'activité, de cas d'utilisation, de classe, d'objet, de séquence et d'état.
- Les plus utiles pour la maîtrise d'œuvre sont les diagrammes de composants, de déploiement et de collaboration.

Une des meilleures approches de simplification d'UML est certainement celle de Pascal Roques qu'il sera possible de simplifier encore un peu plus lors de petits projets (Figure 43).

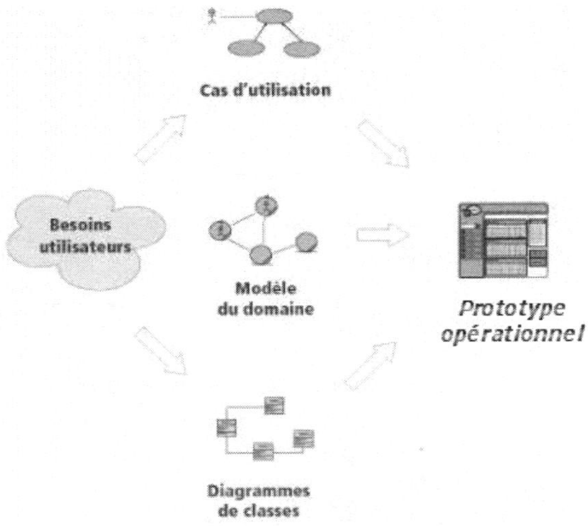

Figure 43. — UML Agile

Note : une vision très pertinente des aspects de la transformation des modèles (MDA, MDD) en regard des techniques Agiles est exprimée sur le blog (www.touilleur-express.fr/2008/11/17/mda-scrum/) de Nicolas Martignole.

Avantages du Modèle de Solution

Le Modèle de Solution se situe à la convergence de la plupart des problématiques d'évolution de l'entreprise, car dans les organisations conséquentes ce n'est généralement pas la technique qui fait défaut mais la communication. En autorisant à l'utilisateur d'adapter dynamiquement la priorité des fonctionnalités applicatives, le Modèle de Solution permet, par exemple, d'éviter le gaspillage des ressources matérialisé par la Figure 44.

Considéré comme un outil, le Modèle de Solution permet l'instanciation rationnelle et consensuelle d'une expression des besoins généralement complexifiée par l'implication de multiples prescripteurs dans la prise en compte de multiples exigences : métier, technologie, contraintes économiques et humaines, etc.

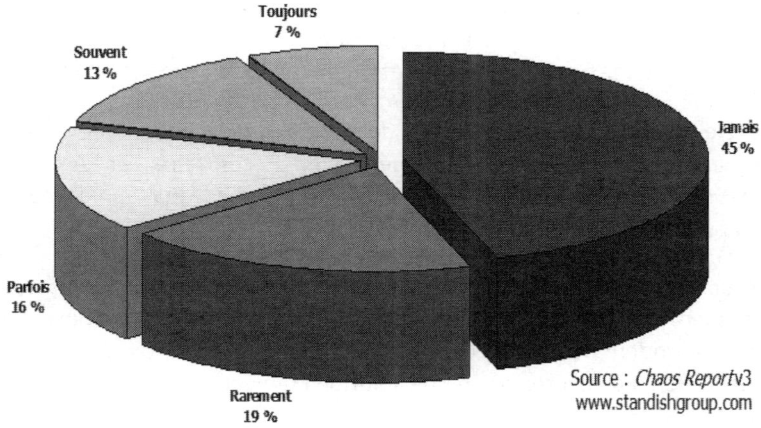

Figure 44. — Usage réel des fonctionnalités développées

Sur ce dernier point, le Modèle de Solution offre une réponse naturelle aux préoccupations du EVA (*Earned Value Management*), une approche qui situe la valeur ajoutée d'un développement à l'intersection de plusieurs contraintes et permet un diagnostic précoce des projets en difficulté.

Le Modèle de Solution induit aussi des gains significatifs (réduction des délais de production et accroissement de la qualité applicative). Mais le plus important concerne l'impact organisationnel. La mise en œuvre du Modèle de Solution dépasse notablement la simple production d'une solution, aussi performante ou utile soit-elle.

Le Modèle de Solution s'avère un puissant moyen d'enrichissement des modes de travail. En transformant les relations interpersonnelles conflictuelles en échanges et en partages de la responsabilité, il facilite la fluidification des communications ainsi que l'adoption du savoir être coopératif.

Documentation et théorie « des espaces »

Dans la résolution des situations, même complexes, que les organisations doivent gérer, une approche structurellement simplifiée peut résoudre bien des difficultés de formalisation.

C'est donc sur une base de dissociation des responsabilités entre « Espace du besoin » et « Espace de la solution » que se construit un projet PUMA. Ce qui ne signifie pas une dissociation de l'engagement en regard de la qualité de l'application ou de la performance du projet.

Cette dissociation des espaces de formalisation n'implique pas de séparation des ressources impliquées, bien au contraire, car l'Agilité en matière de développement préconise la présence quasi permanente, ou pour le moins fréquente, du « client ».

Pour PUMA, lors d'un projet, les deux espaces de travail sont aussi simplement structurés qu'un formulaire de questions-réponses. Ils correspondent du côté « client » à l'expression d'un besoin et du côté « technicien » à l'expression d'une solution (Tableau suivant).

Tableau 6. — Espace besoin / espace solution

Espace besoin (MOA)	Espace solution (MOE)
Questions fonctionnelles	Réponses techniques
Dossier d'expression des exigences	Dossier de Cadrage du projet
Contraintes exprimées	Contraintes acceptées
Qualité de l'application (validation)	Performance du projet (monitoring)

Un projet PUMA comporte donc (à la racine) seulement deux documents de structure identique respectant l'ordre de la nouvelle expression des exigences préconisé par le modèle de Solution.

Les exigences sont priorisées dans le respect d'une dynamique applicative imposée par le « Client » mais intègrent, lors d'étapes de collaboration avec les techniciens, les contraintes non fonctionnelles.

Un dernier point Agile à respecter : la non-redondance des informations maintenues dans l'espace documentaire (Besoin / Solution).

Dans le cadre de projets conséquents, afin de ne pas les alourdir déraisonnablement, ces documents peuvent faire référence à des annexes spécialisées.

Simplification et pureté des structures permettent ainsi aux acteurs de se situer afin de comprendre leurs rôles et leurs responsabilités dans la performance d'un projet et dans la qualité d'une application.

Documentation Agile

L'Agilité est très vigilante sur la pertinence des documents :

- si le client impose la rédaction d'un document, sa production est considérée comme une fonctionnalité livrable avec une priorité, une estimation et donc un coût ;
- si l'équipe elle-même demande le document (et non plus le client seul), cela devient une activité technique.

Autres techniques (BPM/SOA)

État de l'art en composition de solutions Agiles

Actuellement, en ce qui concerne les systèmes d'information et, plus particulièrement, la vision métier et l'architecture applicative devant la supporter, deux approches prédominantes collaborent complémentairement à la recherche de la solution optimale, l'une, le management des processus métiers (BPM), est liée à la maîtrise du processus opérationnel, l'autre, l'Architecture Orientée Services (SOA), apporte une solution élégante et urbanisée au développement des composants du système d'information :

- Le BPM s'appuie sur la modélisation métier pour optimiser et adapter l'ensemble des activités. En remodelant l'organisation autour des processus composant le cœur de l'organisation, le BPM s'impose comme le levier principal de la performance opérationnelle.
- La SOA, par son approche de conception et de construction de services sous la forme de briques applicatives indépendantes, facilite l'instrumentation des processus. L'avantage de la SOA est de produire des composants simples, modulaires et faiblement couplés, donc permettant de recomposer rapidement l'agencement applicatif des fonctionnalités qu'ils assurent.

Les projets de BPM comme de SOA font l'objet de groupes de pratiques spécialisées de la conduite de projet PUMA.

L'architecture technique SOA consiste à décomposer les fonctionnalités, telles que les appréhende un utilisateur, en un ensemble d'éléments basiques nommés « services ». L'étape suivante de la mise en œuvre consiste à décrire finement leur schéma d'interactions dans le cadre d'un processus métier.

Les services seront ensuite développés et déployés sous forme de composants logiciels indépendants.

L'objectif de ce type d'architecture est de supprimer la construction d'applications lourdes incapables de supporter une logique métier en évolution. Idéalement, l'encapsulation de chaque service doit garantir sa réutilisabilité et son interopérabilité. Finalement, l'avantage le plus appréciable du « service » est la facilité d'évolution de l'ensemble dans lequel il s'inscrit.

Note : il n'existe pas actuellement de spécifications officielles d'une architecture SOA mais un ensemble de notions fédératrices et de standards trop techniques pour être abordés ici.

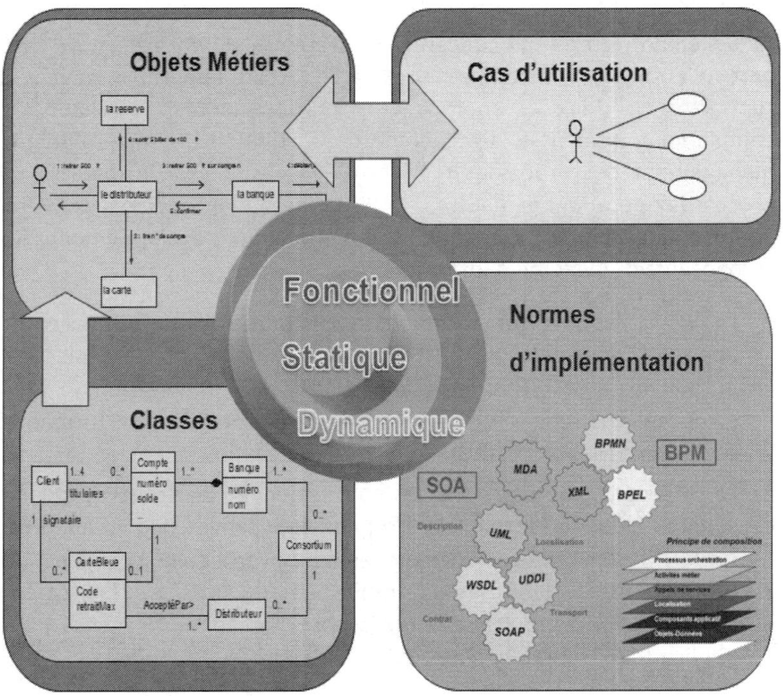

Figure 45. — SOA Identification et granularité des services

SOA comme BPM collaborent à la même stratégie : assurer l'atteinte des objectifs de l'Entreprise dans un contexte d'évolution rapide et le plus souvent lié à une obligation de différenciation concurrentielle.

Services : identification et granularité

L'identification et la granularité des « services » représentent la préoccupation essentielle lors de la conception d'une SOA. PUMA propose en réponse deux dérivations (Figure 45) effectuées à partir de deux modèles UML s'autovalidant et une classification des composants des services prenant en compte leur stabilité :

- La dérivation fonctionnelle-organisationnelle *(côté couche présentation).* Elle s'instrumente à partir des cas d'utilisation. La granularité idéale du « service utile » correspond à la plus petite décomposition d'un cas, dont la demande de « service » permet d'obtenir en retour une information fonctionnellement utilisable, c'est-à-dire un service complet de type « client-utile ».
- La dérivation métier (sémantique /stabilité) (côté couche données). Elle s'instrumente à partir des classes (ou E-R). La granularité du « service utile » représente une possibilité de composition entre des classes dont la portée sémantique avait autorisé une mise en relation (généralement un objet métier regroupement de classes fonctionnellement insécables).

Pour aborder ce concept, il est nécessaire de comprendre les axes de modélisation. L'approche objet a imposé la prédominance des axes de modélisation dans la conception d'un système d'information. La réutilisation des composants, le redéploiement et l'adaptation étant devenus les principales caractéristiques recherchées, il faut, pour assurer la pérennité d'un système, mettre en œuvre des techniques de conception « en vue de modification ».

Stabilité des objets

Une conception efficace s'appuie alors sur la complémentarité de trois axes de modélisation distincts :

- l'axe statique fixe la structure des données,
- l'axe dynamique définit les processus,
- l'axe fonctionnel détaille les traitements.

La notion d'adaptation est la cible visée dans la maîtrise de ces axes. L'axe statique est le plus stable. Par définition, il faut pour l'atteindre dans ses bases, un changement majeur du métier de l'entreprise. L'axe dynamique colle à l'aspect organisationnel. Seule une réorganisation des acteurs et des processus doit avoir un impact sur sa définition. Les autres changements superficiels, dans la manière de traiter les produits ou services offerts, se limitent à une redéfinition des traitements à travers l'axe fonctionnel.

La composition des objets métiers assemblés pour répondre à une demande de « service » cherchera à limiter les associations de classes appartenant à des couches de stabilité différentes. Dans une architecture multicouches, les autres règles sont éventuellement utilisées comme contraintes ou comme assertions facilitant la validation de la solution.

Note : cette approche a été publiée à plusieurs reprises et en premier lieu dans le rapport Ré-ingénierie du Développement d'Applications ... (Gartner Group, 1999) ainsi que dans Piloter les projets informatiques ... (Éditions d'Organisation, 2000) sous le titre de « Concept de stabilité des objets ».

La qualité Agile

Le chef de projet efficace adapte systématiquement la méthode et la qualité de production à la dimension économique de l'application. Ce principe se qualifie de niveau de service « variable ». La variabilité s'applique aussi bien aux activités de pilotage qu'aux composants de l'application elle-même.

Théorie de la qualité Agile

La notion de normes de qualité est aussi un principe avec lequel l'Agilité est souvent confrontée. La définition comparative proposée par PUMA est la suivante :

- La qualité classique impose une obligation et une formalisation de moyens mais ne précise pas pour quel résultat.
- La qualité Agile propose une obligation de résultat mais requiert une autonomie de moyens.

Note : dans le cas où ce serait incontournable, un PAQ Agile qui de plus couvre les exigences des 5 niveaux de CMM est disponible sur www.RAD.fr ainsi qu'un processus de sélection de logiciels.

Autre point fondamental, l'approche Agile se révèle particulièrement adaptée aux projets actuels impliquant la mise en œuvre de nouvelles technologies. En remettant en question le cycle de vie des projets afin qu'il s'adapte à la durée de vie des applications, l'Agilité modifie la façon dont les entreprises envisagent leur développement.

Au lieu de continuer à poursuivre les objectifs traditionnels de l'ingénierie du logiciel, c'est-à-dire la reproductibilité et la prévisibilité, avec l'Agilité l'accent est mis sur l'adaptabilité, la qualité et la création de valeur.

Le moteur de Pilotage

Structuration et maîtrise du projet

Le moteur de Pilotage

En premier lieu, quelques rappels élémentaires et quelques réflexions permettant d'affiner une vision opérationnelle de l'Agilité.

Phasage du projet Agile

Une approche Agile n'interdit pas, si nécessaire, de se doter d'une vue d'ensemble en préalable au développement.

À partir d'une vision globale, suivant les projets, les méthodes Agiles comportent généralement trois phases d'importance variable, dans lesquelles se développent les itérations :

- **Cadrage** (ou exploration, ou encore gestion des Exigences). L'expression des besoins et des contraintes est effectuée directement par les utilisateurs en présence des informaticiens lors d'entretiens structurés. Cette phase représente environ 15% du projet.
- **Architecture** (et urbanisation). Certains utilisateurs sont également impliqués dans cette étape de conception globale. Ils participent à l'affinage et à la validation des classes d'exigences. Ils valident également le premier niveau de prototype présentant l'ergonomie applicative. Cette phase représente environ 25% du projet.
- **Solution** (acquisition ou construction). Durant cette phase, l'équipe projet doit construire l'application module par module. L'utilisateur participe toujours activement aux spécifications détaillées et à la validation des prototypes. Cette phase représente environ 50% du projet.

Livraison. Des recettes partielles ayant été faites régulièrement à chaque « *Frequent Release* », il s'agit dans cette étape d'officialiser une livraison finale. Estimation des tâches diverses : 10% .

Note : dans les petits projets menés avec Scrum et XP, il est fréquent que la conception et le développement soient presque complètement fusionnés dans une seule phase à l'exception des activités d'Exploration et de Planning.

Une phase de conception haute (architecture générale, levée des risques globaux) distincte de la phase de conception détaillée qui est naturellement intégrée au développement ne se justifie que par la taille ou la complexité du sujet.

Note : certains très grands projets ne peuvent respecter à la lettre un phasage de méthode Agile. Un projet couplant des aspects NTIC à des aspects industriels doit répondre à des contraintes qui dépassent les pratiques de l'eXtrem Programming.

Entre l'intégration permanente et les livraisons fréquentes d'XP, d'une part, et le cycle cascade et son effet tunnel des méthodes classiques, d'autre part, il se trouve un juste milieu dépendant du type de projet. Par contre, toutes les méthodes Agiles se concentrent sur la fourniture d'un résultat tangible de type « fonctionnalité logicielle approuvée ».

Environnement de collaboration avancée

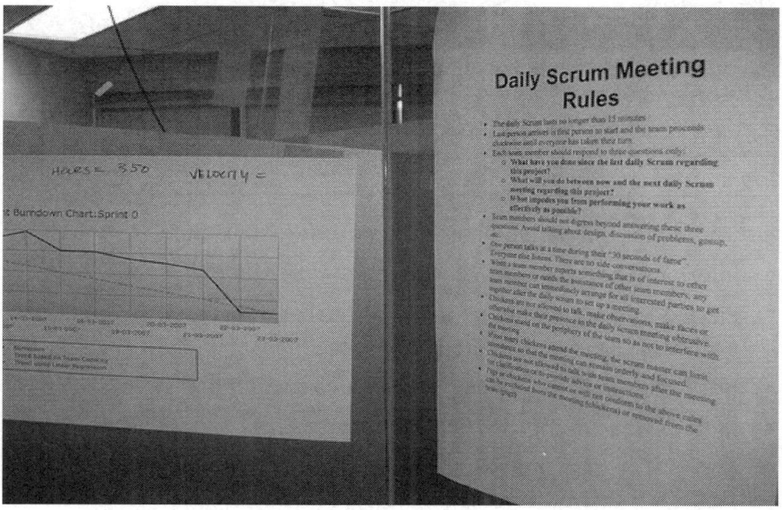

Figure 46. — Règles « affichées » du standing meeting

Les plus récentes études réalisées sur les pratiques Agiles (Stephanie Teasley, Université du Michigan) démontrent que le travail en équipe *SWAT* dans une *War room* double au minimum la productivité des développements par rapport au travail réalisé par la même équipe travaillant dans un environnement de bureau conventionnel. « Cet avantage est essentiellement obtenu par l'extrême fluidité des communications et l'intensité de la collaboration. »

Plus de douze équipes ont été ainsi testées. Selon les participants, le principal vecteur d'amélioration était l'usage des murs pour afficher les éléments déterminants de l'avancement du projet ainsi que la pratique quotidienne du *standing meeting*.

Figure 47. — Superbe War room

Les principales recommandations pour la mise en œuvre d'une *War room* sont les suivantes :

- Une *War room* par équipe de 12 personnes maximum.
- Information murale exclusivement relative au projet.
- Pièce isolée pour *meeting* restreint (en cas d'insuffisance de place, il est possible d'organiser *un Walking meeting*).
- Horloge murale et « *Cooking-timer* » de conférence.
- Matériel de vidéo-projection dédié.
- Matériel de design dédié aux opérations d'*Agile modeling.*
- Emplacements réservés aux représentants du client.
- Disposition des bureaux en « vision indirecte ».
- Prise en compte et élimination des nuisances extérieures.
- Capacité locale d'impression.
- Support de la programmation en binôme (bureau, écrans).
- Disponibilité de plusieurs tables de différentes tailles.
- Téléphone personnel en mode vibreur.
- Boîte vocale obligatoire durant les périodes de réalisation.
- Prise de communication en espace privé ou extérieur.
- Eclairage par lumière naturelle autant que possible.
- Machine à café collective hors de la *War room*.

Note : une équipe projet Agile se limite généralement à une dizaine de personnes. Au-delà, il faut décomposer le groupe. Actuellement, de nombreux projets se composent de plusieurs niveaux de pilotage couvrant ainsi des scopes de projets allant de plusieurs dizaines à plusieurs centaines de ressources.

Expression des exigences

Les méthodes Agiles actuelles s'appuient sur de nouvelles formes d'expression des exigences : Récits d'utilisateur, Cas d'utilisation, Modélisation CRC. La fiche d'expression d'un besoin est simple. Le support privilégié de l'expression des besoins Agile est la feuille bristol (détail sur la figure suivante).

Un Récit est une exigence du système à développer, formulée en une ou deux phrases dans le langage de l'utilisateur. Il est aussi possible d'utiliser les cas d'Utilisation si une expression des besoins en UML a été modélisée.

La notion de « récit » peut amener à une forme d'estimation en « Points de Récits » mais pour des raisons d'expériences pratiques, j'utilise personnellement l'estimation en *« Ideal days* » (même s'il n'y a pas beaucoup de journées vraiment idéales).

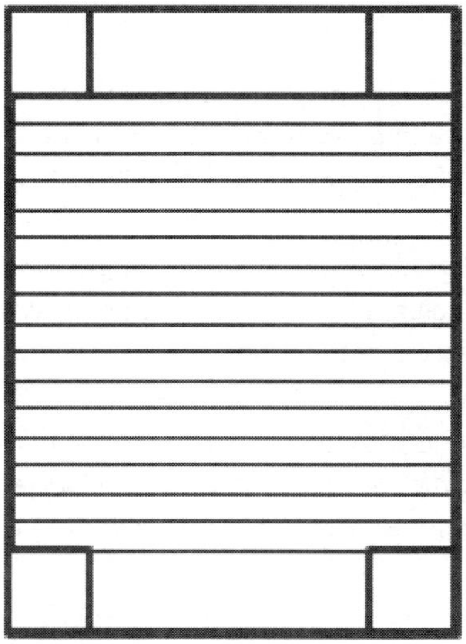

Au recto on trouve, la fonctionnalité exigée sous la forme d'un « Récit utilisateur », sa priorité attribuée par l'utilisateur et le temps estimé par l'équipe pour sa réalisation.

Au verso l'utilisateur précise les conditions d'acceptation de cette fonctionnalité. Cette fiche peut aussi supporter des précisions complémentaires : niveau de risques, modification de la demande, réévaluation, etc.

Mais attention, Points de Récit (*User stories)* et Cas d'utilisation ou (*Use cases),* même s'il s'agit de deux modes de représentation des exigences utilisées par les méthodes Agiles, n'ont ni la même portée, ni le même niveau de détail :

- Le Récit se décrit en une courte phrase (Rôle -> But) alors que le Cas d'Utilisation est beaucoup plus riche en informations. Il possède un Titre (le but), est lié à un Acteur, propose un résumé, et surtout, décrit un déclencheur, un scénario nominal, les variations à ce nominal, des options alternatives, ainsi que tous les cas d'erreur et leur mode gestion. Il peut décrire aussi les règles métiers et les données.
- Le Récit propose uniquement un but, pas une séquence d'actions. Il se lit donc plus facilement.
- Le Récit correspond souvent et seulement à l'un des scénarios (nominal ou alternatif) du Cas d'Utilisation, parfois à une simple activité utilisateur.

Note : lire à ce sujet Jean-Claude Grosjean (qualitystreet.fr).

Estimation Agile

Certains modèles d'estimation Agiles sont dérivés des approches classiques (traités rapidement en annexe) et d'autres, entièrement nouveaux, ont émergé de l'expérience des projets réalisés en approches Agiles.

Personnellement, j'utilise presque systématiquement deux techniques complémentaires d'estimation :

- Dans un premier temps, lorsque je dispose d'un minimum d'informations modélisées, je réalise une première évaluation sur la base d'outils légers comme l'Evaluateur RAD ou l'Evaluateur de Points de Cas d'utilisation.
- Ensuite j'organise un *Planning poker* avec l'équipe de développement au complet, incluant l'utilisateur qui devra répondre aux demandes d'informations complémentaires.

Note : les deux outils classiques sont disponibles sur RAD.fr. Le plus léger se base sur la métrique des Points de Cas d'Utilisation. L'autre, Evaluateur, dispose d'un paramétrage exceptionnel des conditions réelles d'un projet SI/NTIC.

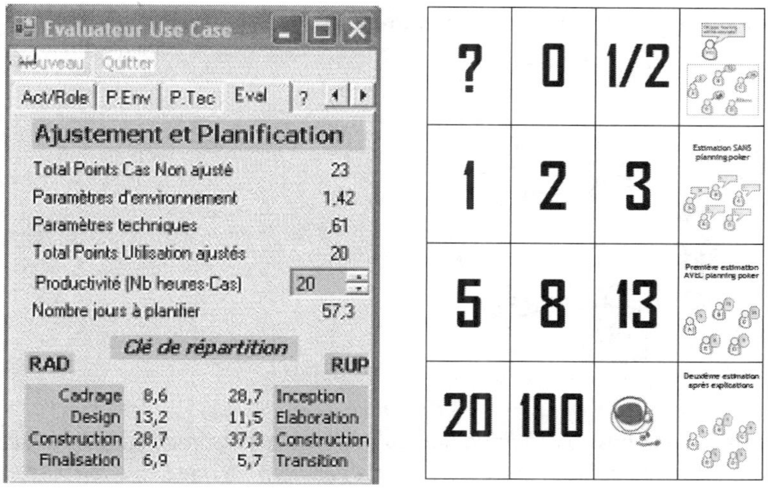

Figure 48. — Deux formes d'estimations complémentaires

Note : les cartes de Planning Poker sont disponibles en format pdf (recto/verso) sur mon blog. Il suffit de les imprimer sur un support rigide puis de les « massicoter ».

Le *Planning poker game*

Le *Planning poker* permet à une équipe d'estimer la charge de développement d'une fonctionnalité. Les concepts d'origine se trouvent sur CRISP[21] mais comme j'aime beaucoup les illustrations à base de pingouins de Yannick Quenec'hdu je me suis donc permis un petit emprunt.

Cas d'une estimation sans carte

L'objectif étant de déterminer le temps de développement d'une fonctionnalité X, vous réunissez l'équipe chargée du travail (de 5 personnes pour l'exemple). Vous posez la question « combien de temps pour développer la fonctionnalité X ? »

Le développeur A évalue le travail à 5 jours alors que B et E ont une estimation beaucoup moins optimiste. Les acteurs C et D pour diverses raisons ne participent pas activement. Bref, c'est A qui annonce en premier « 5 jours ». Cas de figure classique, l'équipe est influencée par la première personne ayant exprimé un avis. Le risque d'erreur devient

[21] http://old.crisp.se/planningpoker/

important, car B et E avaient envisagé cette fonction comme plus complexe et demandant plus de temps de développement.

Note : il est possible d'imaginer qu'une autre personne ait pu penser connaître une solution permettant la réalisation en une seule journée et qu'elle se soit alors abstenue. La déperdition d'informations utiles était alors considérable.

Estimation avec carte

Pour résoudre ces problèmes classiques, vous distribuez à chacun un jeu de cartes prévu à cet effet.

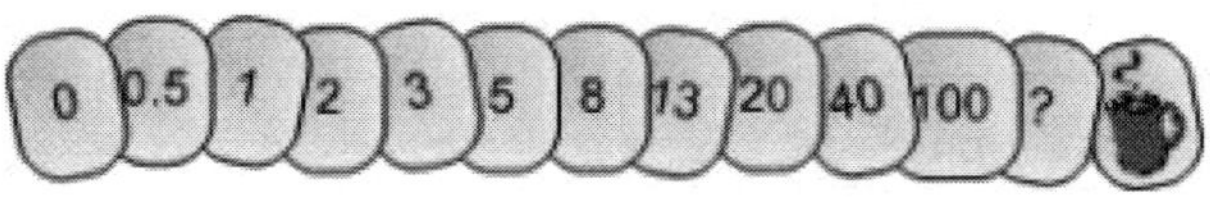

Les cartes sont basées en partie sur la suite de Fibonacci mais quelques cartes méritent une explication :

- la carte « 0 » représente une fonction qui est déjà implémentée ;
- la carte « ? » indique que vous n'avez vraiment aucune idée sur la question ;
- la carte « café » est un joker pour signaler que vous souhaitez faire une pause.

L'unité n'est pas le nombre de jours / homme, mais une unité arbitraire.

Note : personnellement, je conseille d'utiliser une référence compréhensible : l'« Ideal day » qui a l'avantage de permettre de transformer aisément l'estimation Agile en valeurs utilisables dans un outil classique (comme MS Project par exemple), si un reporting standard est imposé par un comité de pilotage.

Première étape du Planning poker

Vous posez la question « combien de temps pour développer la fonctionnalité X ? » et vous donnez, éventuellement, un timing maximum pour la réponse (un sablier est utile dans ce cas). *Dans le cas de fonctionnalités importantes, il peut être possible de demander un complément d'information au « client sur site ».*

Lorsque l'ensemble des participants informe qu'il a fixé son estimation, le meneur de jeu demande d'abattre les cartes. Cette fois-ci C et D sont obligés de participer et le résultat du vote est commenté par l'équipe.

Nous observons alors qu'entre A et C, une discussion s'impose. A la suite de quoi A réalise, par exemple, qu'il a omis de prendre en considération certains éléments et C réalise qu'il est possible de réaliser plus simplement qu'il le pensait la fonctionnalité en question.

Seconde étape du Planning poker

Après avoir débattu, toute l'équipe refait une estimation.

A ce point, un consensus est généralement obtenu. Dans de nombreux cas, les estimations convergent au second tour. Sinon, le processus peut être répété ou bien l'on procède à une moyenne arithmétique des évaluations.

Une estimation ne nécessite pas une précision absolue, mais raisonnable.

Note : j'ai encore récemment initié des estimations en Planning poker game dans plusieurs grands comptes, dont des groupes du CAC 40. Je peux vous assurer que non seulement cela fonctionne dès la barrière du changement franchie, mais qu'en plus les participants apprécient la responsabilité qui leur est confiée et se sentent engagés par leur estimation.

Autres formes d'estimations

Une technique propre à UML comme les Points de Cas d'utilisation (*Use Cases Points* Figure 48) peut aussi être envisagée. Un Cas d'Utilisation modélise un service. Il représente un ensemble de séquences[22].

Les Points de Récit (*Story points)* peuvent ainsi être utilisés comme unité de mesure exprimant la taille globale, la complexité et les risques d'un Récit d'utilisateur.

Les Points sont ensuite dérivés en planning en appliquant la notion de vélocité (équivalent de la productivité dans une équipe classique).

La vélocité réelle mesurée au cours des premières itérations permettra immédiatement de réviser l'estimation et d'affiner la planification.

Planification Agile

L'estimation des processus Agiles intègre leurs aspects itératifs et a l'avantage d'utiliser les informations des itérations précédentes pour piloter l'ordonnancement des itérations suivantes.

La planification Agile se réévalue tout au long du projet. Elle permet de trouver un point d'équilibre entre l'effort de développement et les éventuelles modifications de priorité des Exigences utilisateurs.

---

[22] Comme il a déjà été précisé, le récit correspond souvent et, seulement, à l'un des scénarios (nominal ou alternatif) du Cas d'Utilisation, parfois à une simple activité utilisateur.

Les équipes Agiles disposent de trois niveaux de planification :

- Plans de projet : vision globale de la production et de l'engagement des ressources.
- Plans des itérations : fonctions prioritaires et planification de leur réalisation.
- Plans quotidiens (informel) : coordination du travail quotidien lors du *standing meeting*.

Formes avancées de planification

La planification d'un projet Agile peut être fondamentalement différente de celle d'un projet classique. Trois niveaux de planification sont envisageables en fonction de l'importance ou de divers impératifs :

- Au niveau stratégique du projet : une pratique de simulation et d'optimisation en matière de choix de planification permet de faire évoluer des scénarios en fonction des diverses contraintes (délais, coût, périmètre, qualité, visibilité, risque). L'intérêt principal de cette pratique réside dans la mise en évidence immédiate des incidences de chaque option antagoniste envisagée.

- Au niveau de la mise en œuvre opérationnelle de l'applicatif : deux approches basées sur les techniques de conception « en vue de modification » et justifiées par des critères technico-financiers (vélocité du changement / ROI d'usage) sont envisageables. Ces deux aspects peuvent être imbriqués à des niveaux fractaux différents, et ils impliquent des stratégies de planification distinctes :
    - Le développement par la stabilité des objets (composant les services).
    - Le développement par thèmes utilisables (fonctionnalités réduites).

- Au niveau des itérations de développement : les opérations de hiérarchisation des besoins ou de priorisation des fonctionnalités sont de la responsabilité du client mais font l'objet d'un *Planning game* avec les informaticiens qui disposent des connaissances permettant la mise en évidence des dépendances techniques. Cette pratique se matérialise par des choix de développement (par thèmes utilisables ou par stabilité temporelle des composants).

Note : il faut garder à l'esprit qu'une planification Agile basique se limite à engager la production des premières fonctionnalités priorisées par l'utilisateur dans la limite de la vélocité estimée d'une itération.

Reporting Agile

La gestion des itérations d'un projet et la comptabilisation des changements qui permet d'autoriser le client à modifier à tout instant ses demandes, nécessitent une vision un peu plus complète qu'une simple ToDo liste.

Note : j'avais fait remarquer aux journalistes de plusieurs magazines que dans les précédents articles sur l'Agilité, les photos illustrant un environnement de travail « Agile », représentaient toujours un bureau conventionnel où les acteurs travaillaient sur des portables, visiblement pas en binômes et sans Radiateur d'informations. Cette faille de communication a été corrigée à partir de 2008. Par contre, en guise de Radiateur d'informations, ce ne sont que de simples ToDo listes à trois colonnes qui sont exhibées.

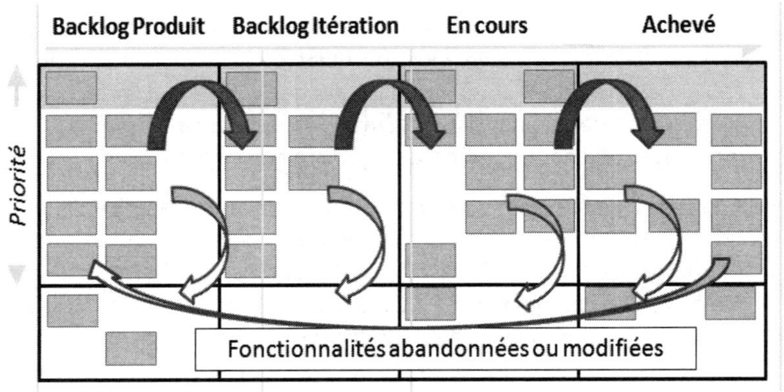

Figure 49. — Planification et monitoring minium

Comme le précisait Einstein, les choses doivent être appréhendées simplement mais pas de manière simpliste.

En l'occurrence il est souvent nécessaire de disposer d'une colonne matérialisant des découpages en tâches techniques et toujours indispensable de conserver un groupe de lignes en bas du tableau pour maintenir visuellement la trace des changements ayant affecté la planification initiale.

C'est d'ailleurs dans cette pratique de métrique formalisée du coût réel du changement que le concept « adaptatif » trouve sa justification économique et sa réalité organisationnelle.

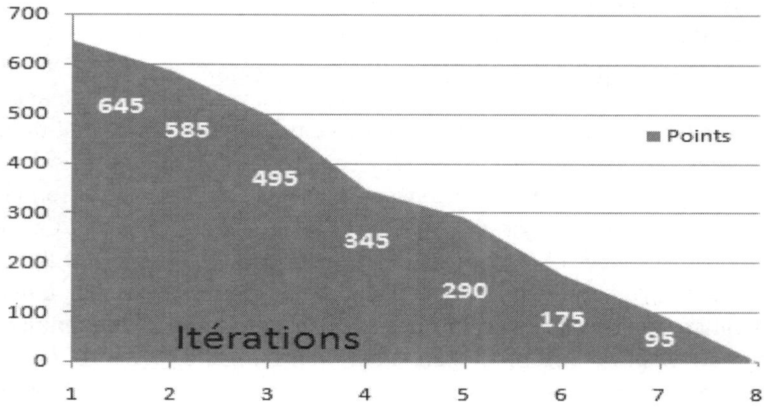

Figure 50. — Burndown chart (avancement et calcul vélocité)

Burndown chart avec calcul de vélocité par itération : - Moyenne estimée initiale 72 Points de Récits - Moyenne réelle observée 92 Points de Récits

La Figure 50, issue d'un de mes projets, représente un suivi basique tout en étant suffisant. La figue suivante est un exemple très technique mais qui reste dans l'esprit du contrôle Agile.

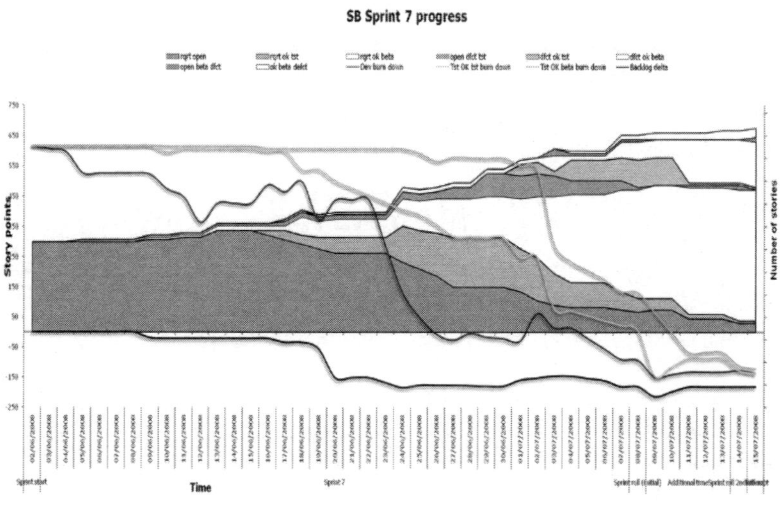

Figure 51. — Burdown sources automatisées (FredericTardieu.net)

La Figure 51 est un exemple de *Burndown chart* généré automatiquement. Son auteur, Frédéric Tardieu, commente « En gros ce graphe montre la quantité de problèmes (statut « open ») sur une échelle de temps. J'ai ensuite amélioré le système en visualisant les dépendances avec des équipes externes à l'équipe concernée. J'ai automatisé la génération car nous utilisions un système de gestions de tâches qui stockait tous les informations et évènements (estimation d'effort, codé, testé OK ou non, etc.) en base de données. Il était donc facile d'*introspecter* cette base pour construire un graphe précis. Une fois le graphe généré, il était envoyé par mail à toutes les personnes impliquées, accompagné de l'état de chaque *histoire* et *tache*. Ceci a rendu très visible l'avancement des projets pour le business et l'IT, y compris les externes situés dans d'autres pays. Autre avantage : d'une itération aux suivantes, j'ai pu observer l'évolution de la coopération, en particulier en pistant les statuts *développé* et *testé OK ou KO*, ce qui a montré de manière objective qu'avec le temps, tout le monde a de plus en plus travaillé ensemble, alors qu'auparavant les testeurs et les développeurs travaillaient individuellement. La transparence sur l'avancement des projets a donc été un facteur déterminant pour renforcer le travail en équipe. »

Note : Frédéric Tardieu précise « Il est vrai que mon approche est un peu orthogonale par rapport à l'agilité (le fait d'analyser des indicateurs pour voir si réellement le travail en équipe s'améliore), mais cela permet de rendre vraiment transparent ce qui fonctionne et ce qui ne fonctionne pas. »

Trouvé lors de recherches sur le Web, la Figure 52 montre que les logiciels spécialisés, la sophistication et la virtualisation ne sont pas impossibles. Mais je ne pense pas que cet outillage conserve réellement l'esprit Agile basé sur la communication directe en mode plateau.

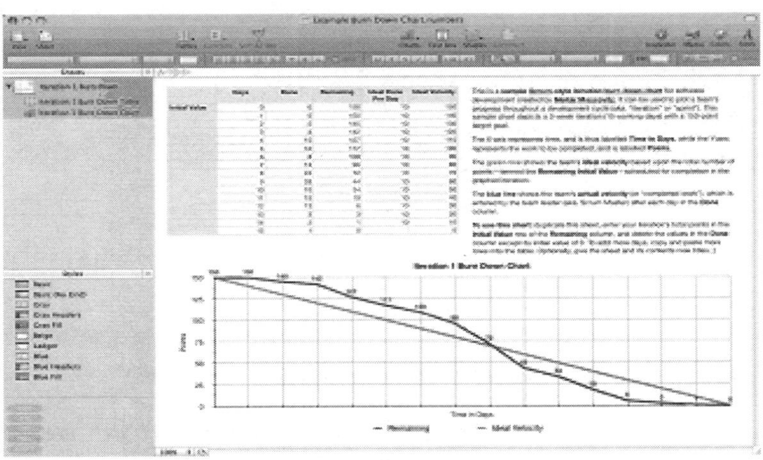

Figure 52. — Reporting outillé et sophistiqué

Radiateur d'informations

Utilisant généralement les murs de la *War room* ou de la *SWAT room*, accessible et visible par tous, le Radiateur d'informations agrège en un point unique les informations clés du projet et présente en temps réel ses principaux indicateurs d'avancement et ses principaux freins.

Comme le précise Jean-Claude Grosjean « L'*Information radiator* est à la fois le symbole de l'*Esprit Agile* et sa représentation la plus concrète. Il donne de la visibilité à tous les acteurs en mettant le focus sur la transparence de l'essentiel. Il suscite l'intérêt et les échanges. »

Un Radiateur d'informations efficace conjugue une surface et un positionnement permettant à toute l'équipe d'avoir une vision utile de l'information affichée. Facile à interpréter et à mettre à jour, il permet de :

- conserver le focus sur l'information opérationnelle ;
- mettre en exergue les ralentissements et les retards ;
- réduire les pertes de temps liées au *reporting*.

L'équipe adaptera le principe en fonction de ses propres besoins de visibilité. Un ouvrage traite de ces aspects : *The Visual Display of Quantitative Information.*

Figure 53. — Principaux composants du Radiateur d'informations

Comme le démontre la Figure 53 un Radiateur d'informations complet n'implique pas un investissement autre que la volonté de le mettre en œuvre et de le maintenir.

Communication externe de l'équipe projet

La communication de l'équipe projet se base sur la publication permanente de l'avancement autant que sur la visualisation du « reste à faire » (Radiateur d'informations). A chaque itération la présentation du travail réalisé se fera lors de « *Shows* ou *Focus* » de visibilité et de validation.

Figure 54. — Mêlée journalière ! (www.agile-swiss.org)

La communication externe est considérée comme un facteur additionnel de réussite. Une *newsletter*, même sommaire, est indispensable. Pour un petit projet, une ou deux pages publiées une ou deux fois par mois, en fonction de la durée du projet, sont suffisantes. À travers quelques lignes, graphiques ou dessins, le projet prend vie, et les futurs utilisateurs se l'approprient. Surtout lorsque, trop nombreux, ils ne peuvent pas tous participer aux spécifications. La publication régulière est aussi synonyme de bonne santé, c'est-à-dire d'avancement. Il faut d'emblée exclure toute langue de bois de ce type de communication. Sinon, la plupart des gens ne sont pas dupes, et, très rapidement, c'est toute l'autorité qui est sapée à travers le mensonge.

Agilité et mode hiérarchique

L'Agilité est un mode de travail coopératif basé sur la fusion des responsabilités dans un effort commun. Ce mode de partage de l'action, où la traçabilité de l'individualisation des tâches disparaît ainsi que les formes de responsabilité classiques, favorise l'émergence d'une nouvelle gouvernance basée essentiellement sur le consensus d'acteurs ayant démontré leurs compétences.

Comme toutes les méthodes Agiles, la méthode RAD recommandait une forme relativement démocratique de choix dans l'équipe et la présence d'un animateur-facilitateur externe (genre *Scrum master*).

Dans la réalité, un chef de projet était toujours responsable en regard des instances supérieures de l'organisation et ce n'est que très rarement qu'un budget permettant de payer un facilitateur était accepté. Ces deux problématiques n'ont pas changé. L'entreprise n'est pas devenue une démocratie. D'ailleurs, dans les démocraties, il n'y a que le vote qui soit relativement démocratique, l'élu peut ensuite être un excellent dictateur. Coopération et partage en interne n'empêchent pas les leaders charismatiques de s'affirmer et, pour opérer dans une organisation conventionnelle, autant que ce soit ce leader qui représente le projet en comité de pilotage.

Chaque année j'interviens dans des formations de centaines de chefs de projets, qu'ils soient étudiants (9 classes de plus de 20 étudiants rien qu'à ITIN) ou professionnels. Dois-je leur dire que le métier de chef de projets n'existe plus ? Tant que les méthodes Agiles ne seront officiellement pas plus claires sur le sujet, il y aura matière à problèmes et à frictions.

La charte projet

S'engager dans une approche Agile représente un risque non négligeable qui nécessite, pour être réduit, d'établir au préalable un cadre régissant les rapports entre les parties. Un contrat Agile décrit des responsabilités. Il n'est pas non plus inutile de se souvenir que la bonne formulation d'un contrat, même de principes et même concernant un développement Agile, reste la pierre angulaire de bonnes relations tout au long d'un projet.

Les techniques Agiles apportent réellement un plus dans la capacité de gérer les changements, mais elles n'incluent pas de recettes miracles aux problèmes que les hommes rencontrent lorsque leur responsabilité est mise en cause.

Mise en œuvre simplifiée

Conduire le changement

L'Agilité découle d'une culture trop large pour être appréhendée en une seule fois. Aussi, choisissez 2, 4, 6 ou 8 des pratiques Agiles essentielles et implémentez-les progressivement. Mesurez ensuite les gains obtenus. C'est le « *Think globally, act locally* ».

Après analyse des pratiques réelles et diagnostic du contexte, les techniques Agiles recherchées donnent lieu à une formation, puis s'implémentent par *coaching*. L'efficacité obtenue est ensuite mesurée régulièrement. Pour gagner rapidement un degré dans la performance ou la qualité, il suffit d'utiliser :

- la technique adéquate (*QuickWin*),
- un groupe de techniques complémentaires.

Cette adoption « à la carte » ouvre ainsi, sans heurt, la voie de l'Agilité à toutes les organisations souhaitant en bénéficier.

Le professionnel face à la solution doit penser « c'est évident, je le savais, mais je n'avais jamais eu le temps de le formaliser ».

Synopsis de l'action

Mettre en œuvre des pratiques Agiles dans une organisation nécessite un plan d'actions aussi simple que rigoureux :

1. Evaluer l'état actuel et décrire les objectifs souhaités.
2. Anticiper les effets directs et collatéraux des changements.
3. Elaborer et obtenir un consensus sur le plan d'actions.
4. Mettre en œuvre les pratiques Agiles et en mesurer les effets.

En résumé, après diagnostic des pratiques réelles, les techniques Agiles recherchées (*QuickWins)* donnent lieu à une formation et s'implémentent par coaching. L'efficacité obtenue est ensuite mesurée régulièrement.

Le moteur de Réalisation

La qualité applicative

Le moteur de réalisation

Un modèle Agile n'est pas une représentation de la réalité aussi cohérente ou pertinente que faire se peut. Un modèle Agile est la réalité en cours d'élaboration. Pour l'*eXtrem Programming* par exemple, le modèle c'est le code. Pour l'*Agile modeling*, le modèle de classes, c'est déjà la base de données (à l'exécution d'un script de génération près). Et, de manière générale, le modèle de traitement est un prototype validé fonctionnellement par de fréquentes « Releases » et techniquement par un « B*uild* » journalier (Jalon Zéro-Défaut).

Comparatif charges, délais et qualité

Un retour d'expérience de deux développements sensiblement similaires menés dans la même société de commerce B2B par la même société de services (*Agile Logic*) mérite attention. Le communiqué de synthèse a été réalisé par le DSI client. Ce dernier avait exigé un changement de méthode à la suite à de nombreux problèmes de développement dont les aspects couvraient aussi bien la performance de réalisation que la qualité des applications.

Dans l'exemple (Figure 55) un développement est réalisé pour moitié en méthode classique et pour moitié en méthode Agile. Selon les participants, les deux développements étaient équivalents en termes de complexité et de fonctionnalités à produire. Les métriques de comparaison sont les suivantes.

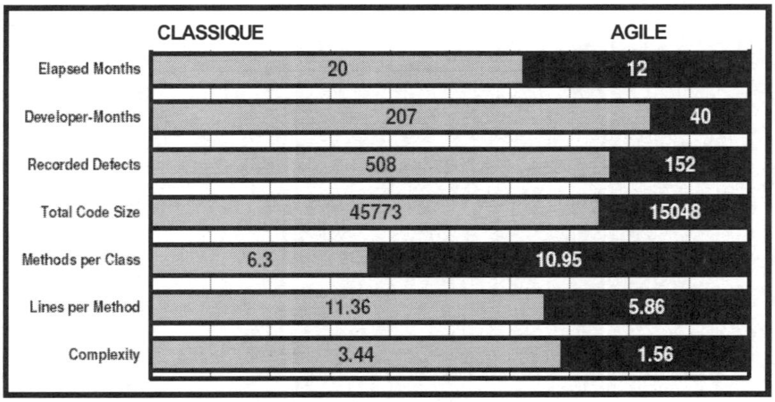

Figure 55. — Comparatif projet Classique / Agile

Performance de développement

Le projet classique a employé 21 développeurs au total pour une charge de 207 mois-homme. L'équipe a évolué selon les phases du projet de 3 à 18 personnes en pointe.

Le projet Agile a démarré avec une équipe de 2 développeurs Agiles (qui a été doublée après quatre mois) pour une charge de 40 mois-homme.

Ces chiffres font état d'une réduction de 80% en ce qui concerne la charge de développement.

Réduction des délais de livraison

Trois mois ont été nécessaires au projet classique pour livrer un premier lot de fonctionnalités. Le projet Agile a terminé sa première itération au bout de 2 semaines et livré une version testable comprenant les priorités utilisateurs qui avaient été définies dynamiquement durant les séances de *Planning game*.

Amélioration de la qualité applicative

Le projet Classique (durée de 20 mois) a généré 508 défauts.

Le projet Agile (durée de 9 mois) a généré 152 défauts résiduels mineurs, les défauts majeurs ayant été découverts et corrigés avant l'achèvement des itérations.

Comme le souligne le tableau suivant, toutes les techniques Agiles ne sont pas forcément implémentées à l'identique dans le réel des organisations.

Modélisation et CRC carte

Selon Thierry Cross (fondateur de XP France), la technique des CRC *Class Responsabilities Collaborators Cards* est basée sur l'importance des responsabilités des classes et donc des objets dans le système. Les responsabilités d'une classe correspondent aux rôles qu'elle joue, aux contrats que les autres classes passent avec elle.

Une classe est ainsi définie essentiellement par ses responsabilités qui se matérialisent ensuite en attributs et opérations. Les collaborations correspondent aux échanges de messages entre objets, c'est l'aspect dynamique du système.

Pratiquement, les développeurs réunis autour d'une table se focalisent sur un ou plusieurs scénarios et recherchent les objets qui collaborent à ces scénarios.

Chaque classe est représentée par une carte en papier rigide (de dimension A5 approximativement) divisée en trois compartiments : le nom, les responsabilités, les collaborateurs de la classe.

Techniquement, l'approche par les responsabilités permet d'obtenir de meilleures classes, plus cohérentes et moins couplées que lors des analyses conventionnelles.

Carte	Commande
Responsabilité	***Collaboration***
Vérifier disponibilité	Stock
Déterminer prix	Produit
Vérifier compte	Client

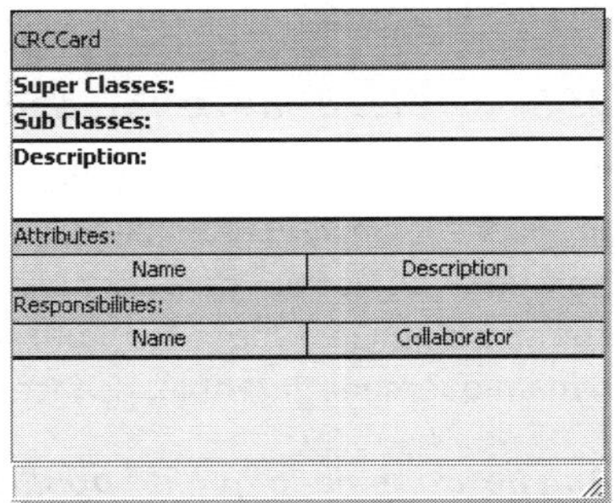

Figure 56. — Fiche CRC carte (manuelle et automatisée)

La programmation en binôme

Avec pour objectif de rendre le travail collectif supérieur à la somme des travaux individuels, la programmation en binôme peut être envisagée comme une revue de code permanente. Le développement s'organise en binôme et utilise la métaphore du rallye automobile :

- En premier lieu, le copilote (*Partner*) a pour rôle de coder le test.
- En second lieu, le pilote (*Driver*) a pour rôle de coder la fonctionnalité.

Bien qu'il n'y ait qu'un seul ordinateur, les deux acteurs disposent chacun d'un clavier, d'une souris, et d'un écran.

Lors de chaque étape, l'acteur ayant un rôle d'observateur pourra intervenir en cas de problème et surtout prendra du recul sur le codage pur afin de considérer les actions dans une optique de qualité, de normalisation et de remaniement du code.

Les rôles s'échangent régulièrement pendant la séance de développement. Les équipes sont recomposées d'une séance à l'autre (lors du *standup meeting*) afin d'améliorer la connaissance collective de l'application, la communication au sein de l'équipe et la montée en compétence des développeurs.

Toujours formulé par Christophe Thibaut :

Avantages : La méthode est bénéfique pour la motivation et la communication ainsi que pour la qualité du code. Le travail à deux augmente la discipline des programmeurs, et si l'un est interrompu, l'autre reste concentré. Le changement fréquent de la composition des binômes stimule le passage des connaissances sur l'ensemble du code du projet. A deux, on s'oblige à formuler oralement les problèmes, à expliciter les solutions, ce qui évite les raccourcis illisibles à la relecture.

Inconvénients : La programmation en binôme peut présenter des échecs principalement d'ordre relationnel. Par exemple, certaines personnes préfèrent travailler seules. Ou encore, pour un développeur expérimenté, coacher un moins expérimenté peut être une tâche ennuyeuse. Enfin, il peut y avoir des conflits entre les styles de programmation.

Conclusions : L'intérêt de la programmation en binôme est de rendre le travail collectif supérieur à la somme des travaux individuels. L'efficacité de cette méthode dépend du potentiel de cohésion et de motivation contenu dans les relations au sein de l'équipe. Tenter de mettre en place la programmation en binôme en la décrétant obligatoire est un pari absurde. Dans un environnement où il est mal vu de faire des erreurs ou d'avouer une faiblesse, c'est un combat perdu d'avance.

Cette méthode représente néanmoins une véritable stratégie de collaboration qui peut conférer à l'équipe, à condition que celle-ci ne résiste pas au changement, un rendement insoupçonné.

Note de Christophe Thibaut[23] *: « Au premier abord on pourrait penser que cette méthode est deux fois moins productive que si les deux programmeurs travaillaient individuellement. Mais une étude réalisée en 2003 par deux chercheurs américains (Alistair Cockburn et Laurie Williams) a montré que la perte de temps n'était au pire que de 15% et*

[23] http://cthibaut.club.fr/PourquoiBinomer.pdf

que cette méthode produisait 15% moins de bugs que les travaux effectués par les développeurs individuels. »

Le léger surcoût lié à l'adoption de la pratique est largement compensé par les économies faites ensuite.

La référence en ce domaine est l'ouvrage *Pair Programming Illuminated* de Laurie Williams et Robert Kessler qui ont réussi à écrire un livre entier sur cet unique sujet ... Chapeau.

Le remaniement du code (Refactoring)

> *Le remaniement du code est une action d'amélioration continue de la qualité du code sans modification de son comportement. Sans l'encadrement de technique de validation comme le TTD et sa capacité de contrôler les régressions, le remaniement du code reste soit un vœu pieu soit une activité dangereuse.*

Le remaniement du code est une activité « clé » des méthodes agiles. L'ouvrage culte traitant de cette technique est *Refactoring : Improving the Design of Existing* Code écrit par un groupe des spécialistes les plus influents du domaine : Martin Fowler, Kent Beck, John Brant, William Opdyke, Don Roberts.

L'objectif du remaniement du code est la sécurisation et l'amélioration de la qualité du code, avec pour objectifs une réduction des coûts de maintenance et une meilleure évolutivité. Les phases de remaniement n'apportent rien au client mais permettent aux développeurs d'améliorer leur productivité finale.

La dynamique d'évolution des logiciels a été initiée par Lehman qui a émis plusieurs constats (ou lois), dont quatre sont particulièrement significatifs du point de vue du remaniement du code :

- le changement continuel,
- la complexité croissante,
- la croissance constante,
- la qualité déclinante.

Selon Jean-Philippe Retaillé, le mode itératif des méthodes Agiles favorise l'émergence d'une version finale du logiciel adaptée aux besoins des utilisateurs en leur délivrant à chaque itération un produit opérationnel, mais non finalisé. Afin de ne pas être victime de l'érosion du design, il est fondamental d'avoir recours au remaniement du code qui permet de consolider le code d'une version à une autre. Ce mode de fonctionnement exige d'anticiper le remaniement, en appliquant dès le départ les meilleures pratiques de conception et de programmation afin, au final, de minimiser l'effort de remaniement.

Selon Emmanuel Deloget, le remaniement du code consiste en la « remise à plat d'une architecture logicielle perturbée » aussi, « La première étape est de remettre le code source en forme, afin de pouvoir s'y retrouver aisément : indentations, commentaires, ajout d'espacements, tout doit être fait pour que le code existant devienne plus lisible, la seule limite étant de ne pas toucher aux fonctionnalités et de se limiter juste à une simple mise en forme ».

Remaniement du code

Sur le blog de Frédéric de Villamil, un post intitulé « Massacre à l'IDE ou les joies du *Refactoring* par le vide » précise que le but du *Refactoring* par le vide n'est pas « un concours à celui qui supprimera le plus grand nombre de lignes de code, mais la rationalisation du projet par la suppression du code inutile, mort, ou redondant. » Il propose ensuite la liste des actions permettant de réaliser un remaniement efficace :

Supprimez le code dupliqué

Plus nombreux sont les développeurs étant intervenus sur le projet, plus nombreuses sont les fonctionnalités ajoutées puis supprimées, plus importante sera la dose de code dupliquée que vous aurez à nettoyer. Ne souriez pas en vous disant « moi, ça ne m'arrivera pas », vous en avez obligatoirement. Commencez votre *Refactoring* au sein des modèles et des contrôleurs, histoire de nettoyer un peu tout ça. Allez ensuite voir dans les « *helpers* », il y a certainement quelque chose à faire. Puis, faites une lecture transverse de votre application, vous allez certainement retrouver du code dupliqué d'un contrôleur à l'autre, d'un modèle à l'autre... Peut-être est-ce le moment de créer de nouvelles classes pour rassembler tout ça non ?

Supprimez le code mort

Après ces premières étapes, vous allez certainement vous retrouver avec du code mort, c'est-à-dire des méthodes qui ne sont jamais appelées dans l'application. Si vous avez basé votre application sur le modèle MVC, les différentes itérations sur les vues ont dû laisser un grand nombre de « *helpers* » orphelins. Au passage, les deux précédentes étapes ont certainement du éliminer quelques méthodes, et c'est tant mieux.

Élargissez la couverture de tests

À ce moment de la partie, vos tests devraient exploser dans tous les sens (ne me dites pas que vous développez sans tests...). Si ce n'est pas le cas, c'est que toutes vos méthodes ne sont pas couvertes. Tant que vous avez la tête dans le guidon, c'est le moment d'élargir un peu la couverture de tests de votre projet : testez les méthodes non couvertes et ajoutez des tests sur les cas limites que vous auriez oubliés.

Supprimez les fonctionnalités inutiles

Maintenant que vous avez bien nettoyé le code, posez-vous cette question : votre application ne propose-t-elle pas des fonctionnalités superflues ou qui la rendent moins facilement utilisable par ses utilisateurs, et qui, accessoirement, la ralentissent un peu ?

Note : cette check-list représente, selon moi, l'avis d'un praticien exemplaire.

Des informations enrichissantes se situent aussi sur le site http://www.crossbowlabs.com d'où les paragraphes suivants sont issus.

Dans son livre *Refactoring*, Martin Fowler détaille une liste de plus de 70 remaniements : extraire un bloc de code pour en faire une fonction, déplacer une méthode vers une classe mère, ajouter un paramètre à une fonction, changer l'ordre des paramètres d'une fonction, etc. « Avec le temps, et avec l'utilisation intensive des nombreux *Refactorings* automatiques intégrés aux environnements de développement modernes, le développeur XP finit par modifier en permanence son code. »

Modifier le code n'est pas une fin en soi. Les modifications doivent conduire à une amélioration significative de la simplicité et de la flexibilité du code. L'application d'une suite aléatoire de remaniements aura peu de chances de produire un tel résultat. Le but final est un code propre. La question devient alors : qu'est-ce qu'un code propre ? Quelles sont les propriétés qui rendent un code facile à appréhender et à faire évoluer ?

Les concepteurs d'XP avancent une réponse : un code facile à faire évoluer, c'est un code dans lequel, pour une évolution donnée, je n'aurai qu'une seule modification à effectuer. En d'autres termes, il s'agit d'un code dans lequel chaque concept n'est exprimé qu'une seule fois. Dans cette logique, l'un des objectifs principaux du remaniement devient l'élimination de toute forme de duplication dans le code.

Remaniement des tests

Modifier un code existant introduit des risques de régression, c'est d'ailleurs pour cette raison que de nombreuses équipes n'osent pas changer le code de leur application. Dans le cas d'un projet XP, en revanche, la donne change : les tests automatisés sont là pour garantir que toute régression sera détectée. Le TDD s'affirme ainsi comme le complément indispensable du remaniement. L'inverse peut aussi être énoncé : le remaniement est le complément indispensable des tests automatiques.

Dans un contexte Agile, les tests peuvent représenter jusqu'à 60% du nombre de lignes codées. Si l'on accepte le principe que la qualité du code conditionne la vitesse de développement, il est logique de conclure qu'une équipe a intérêt à focaliser ses efforts de conception sur les tests.

Régis Medina a tiré deux conclusions de ces expériences :

- Le code des tests doit être remanié en permanence : « Nous avons d'ailleurs observé le même phénomène d'émergence : les tests dont nous disposions après quelques années étaient bien plus concis et lisibles que ceux que nous avions écrits en début de projet. »
- Un bon équilibre entre tests unitaires et tests de recette doit être préservé : « les tests unitaires introduisent le risque de figer le code en épousant de trop près la conception existante. Les tests de recette, permettent de capturer les exigences finales en dépendant moins des détails d'implémentation. Les deux catégories de test présentent leurs intérêts, il faut savoir comment les combiner efficacement. »

Anticipation du remaniement de code

Selon Jean-Philippe Retaillé, il faut considérer trois niveaux de *Refactoring*, selon la complexité de sa mise en œuvre : le *Refactoring* chirurgical, le *Refactoring* tactique et le *Refactoring* stratégique.

Le Refactoring chirurgical

Le *Refactoring* chirurgical est une amélioration limitée et localisée dans le code source. Il s'agit de refondre quelques composants sans altérer leurs relations avec le reste du logiciel.

Le Refactoring tactique

Le *Refactoring* tactique implique la refonte complète d'un ou de plusieurs composants.

Le Refactoring stratégique

Le *Refactoring* stratégique impose la remise à plat de la conception du logiciel afin de l'adapter à l'évolution prévisible des exigences du métier.

Les tests (TDD)

Dans l'industrie automobile, alors même que la physique des matériaux et le recul de l'expérience garantissent normalement la conformité du produit final en termes de robustesse et de sécurité, il est réalisé un crash-test pour chaque nouveau modèle.

Dans la vision classique du développement informatique, le produit fini (façon de parler, car il s'assimilerait plutôt à une ébauche selon des critères industriels) est censé être exploitable en l'état, après quelques sommaires vérifications de fonctionnalités. On testera d'ailleurs généralement ce qui fonctionne, pour s'en assurer, et l'on ne testera pas ce qui pourrait poser problème.

Dans la vision Agile, le principe de test de résistance de l'automobile s'applique au logiciel et a pour appellation *Test Driven Development* (TDD) ou même, dans certains cas sensibles, *Test First* (ces formes de tests ont été expliquées dans l'ouvrage *Estimations et Architectures des développements Agiles).*

Poussant le principe encore plus loin, le développement piloté par les tests (TDD) impose au développeur de rédiger un ensemble de tests unitaires pour chaque classe, avant même que le squelette de celle-ci n'ait été écrit. TDD est donc souvent considérée comme une technique offrant l'assurance que le code a bien été testé.

Pourtant le premier objectif de TDD se situe dans la formalisation de la spécification et non dans la notion de test telle qu'elle est généralement comprise. TDD s'affirme alors comme une manière de concevoir (design) avant d'implémenter.

Figure 57. — Métaphore des principes du TDD

Le premier objectif de TDD se situe dans la formalisation de la spécification et non dans la notion de test telle que généralement comprise. TDD s'affirme alors comme une manière de concevoir (design) avant d'implémenter.

Les pratiquants considèrent TDD comme une pure technique de programmation. Comme un de ses tenants aux USA, Ron Jeffries, aime à le répéter " *The goal of TDD is to write clean code that works* ". Dès les débuts de l'*eXtrem Programming*, Kent Beck a introduit TDD dans les pratiques basiques de XP. De même Bob Martin a écrit " *The act of writing a unit test is more an act of design than of verification.* "

Avec le remaniement du code, le TDD s'inscrit comme une des pierres angulaires du développement Agile (Figure 58). Pour certains développeurs TDD est plus qu'une technique, c'est une discipline de travail (*way of thinking about coding*) permettant de maintenir en permanence l'intégrité et l'opérabilité du code produit.

Pour Kent Beck, c'est une assurance intuitive de succès. Parmi les effets bénéfiques de cette couverture de tests unitaires, on note en particulier une confiance qui s'accroît dans chaque partie du code testé, une recherche de précision (préalable au codage) dans l'implémentation future de l'exigence.

Un des principes sous-jacents de TDD est l'usage d'un *Framework* et d'outils spécialisés pour les tests. Le suivi de l'évolution des résultats des tests représente un indicateur concret de l'avancement des développements et de la qualité :

- Le nombre de tests écrits indique l'avancement des spécifications.
- Le nombre de tests validés indique l'avancement des développements.
- Le nombre de tests en échec indique le degré de qualité du logiciel.

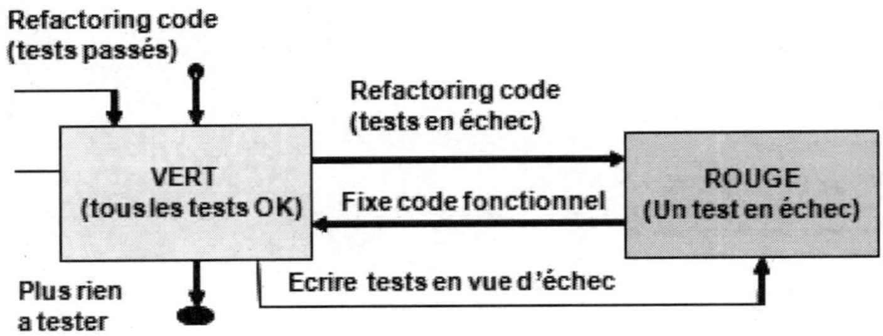

Figure 58. — TDD et Refactoring

Les étapes de mise en œuvre d'un développement piloté par les tests (Figure 58) sont les suivantes :

- Écrivez un test pour chaque fonctionnalité élémentaire.
- Écrivez uniquement le code qui active le test.
- Codez volontairement les erreurs « déclenchantes ».
- Assurez-vous que les erreurs sont bien « trappées ».
- Recodez en recherchant la simplicité maximum permettant d'atteindre la fonctionnalité requise.

Voici les huit premières bonnes raisons d'utiliser le développement piloté par les tests :

- Les tests unitaires classiques ne détectent que 70% des défauts.
- Coder le test impose de développer ce que le code doit faire pratiquement et non ce qu'il est supposé faire théoriquement.
- Réexécuter les tests prend moins de temps qu'une opération de débugage conventionnelle.
- L'automatisation des tests unitaires permet de détecter des changements de code interdépendants avant les tests d'enchaînement.

- La bibliothèque de tests représente une forme de documentation des fonctions du code.
- TDD est une discipline considérée comme partie prenante du processus qualité du produit.
- Avec TDD il est possible d'explorer aisément et avec sécurité des solutions alternatives au codage actuel (solution de pointe, *Spike Solution*).
- Produire directement du code testable améliore sensiblement sa qualité et sa modularité.

Note : il serait intéressant de chercher les raisons de ne pas utiliser TDD.

Le Behaviour Driven Development

Le *Behaviour Driven Development* est une technique outillée de tests qui facilite la coopération entre les développeurs et les autres partenaires du projet, dont plus particulièrement les représentants du métier. La page anglaise du BDD sur Wikipédia en propose une liste d'outils supportant ce principe. Le BDD c'est aussi l'art d'écrire des tests que tout le monde comprend, selon Olivier Azeau.

Note : un post intéressant « De l'art de bricoler sa méthodologie » *traitant « de la mise en œuvre effective de méthodologies opposées par des guerres plus ou moins religieuses » se trouve aussi sur son blog (http://agilitateur.azeau.com) où il fait état d'un échange entre Fabien Benoit et Aurélien Pelletier (http://blogpro.toutantic.net) au sujet de la question* « Combien de design ? » *posée, avec juste raison, par une approche de développement semi-itérative.*

Intégration continue

La complexité croissante des projets de développement de systèmes d'informations actuels implique la mise en place d'usines de développement. Ces « usines » permettent de limiter les tâches répétitives pour les développeurs en leur fournissant un système complet d'intégration automatique des différents éléments d'un projet. Dans le cas où ce type de d'industrialisation ne serait pas disponible, la mise en place d'un serveur d'intégration continue s'avère essentielle.

A ce sujet je conseille pour sa trilogie intitulée *Un environnement de developpement Java* et plus particulièrement la partie : *Mise en place de l'intégration continue*, le blog http://Bressure.blog.lemonde.fr

Voici un exemple de principe d'intégration continue qui reprend certains aspects énoncés par les méthodes Agiles (source Julien Defaut) :

1 - L'équipe de développement développe la journée en utilisant un outil de contrôle de version.

2 - Un développement terminé, le développeur concerné l'enregistre dans l'outil de contrôle de version (*Checkin*).

3 - Le système d'intégration détecte la mise à jour des sources et lance une compilation incrémentale.

4 - La nuit, à heure fixe, une compilation complète du code est démarrée grâce au système d'intégration continue. On appelle aussi ce processus le *Nightlybuild*.

5 - La compilation se termine et une série de tests sont lancés pour valider la nouvelle version.

6 - Le matin, le chef de projet et les développeurs ont accès à un *reporting* convivial sur les résultats du *Nightlybuild*.

> *Un comparatif actualisé de ces outils se trouve sur le site :*
> *http://confluence.public.thoughtworks.org*

Affichage résultats du sondage: Quel outil d'Intégration Continue utilisez-vous ?		
Hudson	23	17,29%
Continuum	38	28,57%
Cruise Control	14	10,53%
Luntbuild ou Luntbuild pro	3	2,26%
Anthill	1	0,75%
TeamCity	5	3,76%
Bamboo	5	3,76%
BuildForge	1	0,75%
Solution "maison"	3	2,26%
Autre outil (précisez)	0	0%
Aucun	40	30,08%

Figure 59. — Outils d'intégrationcontinue

Résumé : « prendre le temps de bien faire les choses, surtout si elles sont urgentes ».

Organisation équipe et motivation rationnelle

La motivation rationnelle

Organisation équipe et motivation rationnelle

L'important c'est l'équipe

L'équipe, c'est la synergie et la complémentarité de professionnels engagés dans un succès commun. Ce seul point justifierait un livre complet. Voici les principes dont la mise en œuvre requiert volonté et expérience autant que moyens réels :

Développer une culture du défi :

- Définir précisément le défi à relever.
- Formaliser la récompense.
- Enrôler l'équipe : donner le choix de l'engagement.
- Organiser l'autonomie de l'équipe (moyens).
- Publier l'avancement global des résultats.
- Surveiller le tarissement de l'enthousiasme.
- Fêter l'accomplissement des jalons significatifs.

Développer une culture d'entraide :

- Favoriser l'émergence de signes d'identité de l'équipe.
- Récompenser informellement les signes de solidarité.
- Mesurer individuellement l'échange de services.
- Éliminer les craintes du « demandeur».
- Stopper immédiatement les réactions négatives.
- Focaliser les récompenses sur les résultats d'équipe.

Développer une culture de qualité :

- Expliquer les principes dès le début du projet.
- Publier préalablement des normes formelles.
- Initier une conférence technique sur les principes fondamentaux structurels.
- Inciter immédiatement la communication entre développeurs.
- Ne pas s'écarter des pratiques Agiles.

Engagement et motivation de l'équipe projet

L'équipe chargée d'un projet conduit selon les principes « Agiles » est un groupe de travail composé de ressources couvrant aussi bien les aspects techniques que les aspects métier. La coordination harmonieuse de ces profils à travers un contrat de projet initie une dynamique de groupe basée sur la gestion de la complémentarité. Cette synergie favorise le sens de l'identité de l'équipe, le partage de l'information et l'entraide.

Initialement, dans les projets de développement, la qualification d'Agile se limitait à l'équipe informatique. La complexité des projets actuels impose une participation accrue et parfois permanente d'utilisateurs ou de membres de la maîtrise d'ouvrage. La recherche d'Agilité s'étend alors à tous les acteurs engagés en « mode projet ».

Idéologie organisationnelle

Le sens de la mission

Les membres d'une équipe de développement Agile partagent un certain nombre de valeurs.

La première de ces valeurs est l'ambition de participer à une réalisation exceptionnelle à travers la réussite d'un projet nouveau et passionnant.

Les participants ont généralement choisi cette forme d'organisation qui peut s'avérer très contraignante, pour bénéficier d'un élargissement de leur marge de manœuvre traditionnelle.

Une équipe Agile ne peut pas se construire dans le cadre d'une organisation établie dont l'action sera freinée par les procédures et les traditions.

La taille de l'équipe est idéalement de 4 à 10 personnes afin de permettre à ses membres de nouer des relations fortes. Bien qu'il n'y ait pas officiellement de « chef », lorsqu'un leader émerge par sa personnalité ou ses connaissances, son charisme joue alors un rôle prépondérant dans la cohésion du groupe face aux interventions externes.

Note : il est peu fréquent qu'une structure classique existante permette l'émergence de ce type d'assimilation des ambitions personnelles aux ambitions de l'organisation.

L'émergence de l'idéologie

Les décisions prises en toute autonomie par l'équipe vont progressivement permettre l'émergence d'une idéologie autorenforcée par le mythe du succès attaché aux projets particulièrement réussis.

Pour reprendre les termes de Philip Selznick, la performance de l'équipe passe alors du stade « instrumental » de simple outil de développement au stade « institutionnel » d'exemple organisationnel.

Le processus d'identification

Au dernier stade d'identification, la loyauté est devenue le lien prédominant entre les membres de l'équipe Agile. Cette loyauté s'exprime par un renforcement de l'investissement personnel dans l'atteinte des objectifs du projet et par là même des objectifs de l'organisation.

Le recrutement

Généralement, la création d'une nouvelle équipe ou le remplacement d'un des membres se fait par cooptation suivant deux options possibles :

- L'idéologie de participation attire le nouveau membre qui tente de se faire accepter. C'est une identification naturelle.
- Les membres de l'équipe existante contactent une personne choisie en fonction d'une complémentarité recherchée et d'un profil psychologique en adéquation avec l'idéologie du groupe. C'est une identification sélective.

La complémentarité des membres conditionne l'équilibre technique du groupe et sa performance.

Une fois sélectionné, accepté et formé, le membre devient l'égal des autres et il peut même, dans la forme la plus pure de la décentralisation, partager le pouvoir.

Lorsque l'identification est à la fois suffisamment forte et naturelle pour jouer le rôle d'un mécanisme de coordination, l'organisation de l'équipe atteint la configuration « missionnaire ».

L'organisation missionnaire

L'idéologie de l'équipe Agile est extrêmement simple et forte : le principal est l'atteinte des objectifs de la mission. Cette mission est nécessairement définie, formalisée et évaluée. La formalisation des récompenses offertes aux membres du groupe pour l'atteinte et le dépassement de ces objectifs s'affirme alors comme un outil puissant pour atténuer l'impact des contraintes que l'équipe s'impose dans sa recherche de performance. Dans l'organisation missionnaire, pour subtil qu'il soit, le contrôle existe et il est même très puissant. Il porte non seulement sur le comportement des membres mais également sur leurs sentiments. Il est à noter que les différences de qualifications professionnelles peuvent être un frein si elles se révèlent incompatibles avec l'idéologie. En effet, l'organisation missionnaire souhaite éviter les différences de statut entre ses membres.

Enfin, la dernière caractéristique de l'organisation missionnaire est sa taille réduite : seule cette taille permet les contacts personnels, dont dépend la force de l'engagement. Lorsque la taille de l'organisation ne permet plus ce contact personnel entre ses membres, l'organisation missionnaire tend à diviser l'unité initiale en répliques fondées sur la même idéologie.

Au Canada, j'ai eu la chance d'avoir les moyens matériels d'initier ce type de fonctionnement qui a conduit systématiquement à des succès exceptionnels de projets. Il est vrai que les récompenses financières (collectives) étaient à la hauteur de nos efforts.

Note : sur le blog de Emmanuel Hugonnet (http://www.ehsavoie.com) on trouve, entre autres, un article présentant le modèle de Dreyfus qui tente de définir les différentes étapes de l'acquisition des compétences. Le concept ayant été réactualisé et agilisé par le « pragmatic programmer » Andy Hunt.

Motivations et conditions d'opération

La totalité du cycle de développement doit être réalisée par une équipe de base, totalement engagée dans son projet et en total accord avec la méthode qu'elle emploie. L'équation *Performance = Qualité + Motivation* est au cœur de la culture Agile.

La base de l'équipe de développement Agile est un petit groupe de professionnels expérimentés qui doit avoir le sens de son identité.

James Martin, le fondateur du courant Agile, déclare : « Ils doivent disposer de locaux spécialement aménagés et décorés, et la réalisation des engagements doit donner lieu à des célébrations, leur coordonnateur surveillera tout signe précurseur de *burn-out.* »

Pour avoir travaillé dans des entreprises américaines, je n'ai rien contre ces principes. À Bell MC, la directrice générale organisait occasionnellement des pique-niques le midi et fabriquait elle-même les hamburgers.

L'engagement simultané des ressources

Point crucial : les ressources doivent intervenir simultanément dès le début réel du projet. Leur compréhension est alors globale et unique. Les utilisateurs ne sont pas sollicités à de nombreuses reprises. La formalisation et le transfert d'information sont minimisés ainsi que les risques d'erreurs inhérents à ces activités.

Si le projet est conséquent, ces ressources se spécialisent dans un sous-projet pour entrer « *just-in-time* » dans le flot du détail.

Dissocier la spécification du développement laisse place à l'interprétation et à l'erreur. Cette étape est non seulement coûteuse, mais les documents produits sont souvent inutilisables dans un développement moderne.

À l'exception du descriptif du périmètre global, dans un projet informatique moderne, tout besoin détaillé doit s'exprimer sous la forme d'une modélisation. Un texte seul n'est pas représentatif d'une des étapes du développement, car sa portée et sa capacité d'autovalidation sont trop limitées. Seule la modélisation peut garantir un niveau de compréhension concrètement matérialisable en application. Cela implique un effort de formation de la part de la maîtrise d'ouvrage si elle souhaite spécifier elle-même ses exigences dans une forme directement utilisable par la maîtrise d'œuvre. En attendant cette MOA idéale, le principe Agile propose un renforcement des liens entre les informaticiens de l'équipe et les utilisateurs.

Un défi « projet » tangible

Pour assurer un engagement optimum des ressources, des règles précises sont mises en œuvre dès le début du projet :

- le défi à relever est précisément défini ;
- la récompense et les conditions d'obtention sont formalisées ;
- le niveau d'engagement individuel souhaité est pris en compte ;
- les travaux sont personnalisés au niveau individuel ;
- l'autonomie de l'équipe en termes de moyens est organisée.

Dans le « contrat projet », il faut toujours s'attacher à respecter le réalisme. On évite, par exemple, de tenter de faire « entrer » à tout prix la planification dans les délais en la manipulant sans vergogne.

Confronté à un problème de ce genre, une méthode Agile révise à la baisse les fonctionnalités du projet, quitte à revenir sur cette décision si la réalité le permet ensuite, plutôt que d'accroître la taille des équipes.

En cours de projet, le leader doit s'assurer de la continuité de l'engagement qu'il a suscité en début de projet. Pour ce faire, il doit régulièrement :

- récompenser informellement les signes de solidarité ;
- publier régulièrement l'avancement global des résultats ;
- surveiller que l'enthousiasme ne fléchisse pas;
- fêter l'accomplissement des jalons significatifs ;
- favoriser l'émergence de signes d'identité de l'équipe.

Une équipe doit communiquer formellement dans un cadre déterminé, sinon, elle est inefficace et passe son temps à corriger ses propres erreurs. La mauvaise distribution des tâches, l'excès de parallélisme, la sous-estimation chronique du volume de travail ruinent les bonnes volontés individuelles.

Figure 60. — Utilisation Agile des surfaces

Au-delà du profil général et de la complémentarité spécifique des membres d'une équipe Agile ce qui différencie avant tout un groupe de « gagnants », c'est l'esprit qui naturellement en émerge. Aussi faut-il favoriser toutes les formes extraprofessionnelles de participation susceptibles de favoriser la cohésion de l'équipe. Une équipe de projet dont les membres n'éprouvent pas le besoin de déjeuner ensemble le plus souvent possible devient difficilement Agile. D'expérience, je peux assurer que l'humour en général, et la naissance d'un humour de « projet » en particulier, est un pas significatif vers la sensation d'appartenance qui caractérise les équipes « gagnantes ».

Les conditions matérielles de travail

Pour opérer dans un mode optimal l'équipe projet doit disposer d'un environnement de travail satisfaisant :

- l'espace, l'isolation, la personnalisation et la décoration des bureaux,
- l'autonomie dans l'organisation générale, les horaires, l'obtention de ressources matérielles,
- un budget d'opération pour des actions visant à améliorer la cohésion de l'équipe,
- des outils logiciels et matériels au meilleur niveau technologique possible,
- une direction démocratique pour les choix et les prises de risques.

La liberté d'action du groupe se limite aux choix internes du projet, car l'entreprise dans son ensemble n'est généralement pas une démocratie. Il convient donc d'éviter le développement du « syndrome de l'entrepreneur » qui porte à considérer qu'une décision ou une idée est applicable dès lors qu'elle est partagée par les membres du groupe. Pour cette raison, il est souhaitable que l'avis d'une personne extérieure à l'équipe soit régulièrement sollicité.

Compte tenu de l'engagement, le plus souvent exceptionnellement fort, qui est attendu des membres d'une équipe Agile, des récompenses significatives sont précisées dès le début du contrat projet : primes correspondant à l'atteinte d'objectifs très ambitieux, avantages matériels exceptionnels en réponse à des exigences exceptionnelles.

Au Canada, la société de services qui m'employait comme directeur des projets « au forfait », répondait aux appels d'offres avec pour marge bénéficiaire un pourcentage fixe. L'arrangement passé entre l'entreprise et les membres de l'équipe projet était simple : allez plus vite, et nous partagerons les bénéfices additionnels. Ainsi, dans un projet de 500 000 $ où une équipe de 4 personnes avait gagné deux mois sur les 12 prévus initialement, la prime de fin de projet s'était élevée à 10 000 $ par développeur. La société de services voyait pour sa part son bénéfice de 75 000 $ s'accroître de plus de 40 000 $. Dans le même temps, le principal risque de dérapage du planning était sérieusement réduit grâce à la motivation de ressources personnellement « parties prenantes » au bénéfice final.

La performance a un prix, mais ce prix représente peu de chose en regard de l'économie qu'elle permet de réaliser et surtout des gains stratégiques qui en découlent. La seule question à se poser est celle du retour sur investissement.

L'écart entre le temps de réalisation considéré comme optimal lors du démarrage du projet (base du « contrat projet » passé avec l'équipe de développement) et celui réellement obtenu par la performance de l'équipe, s'exprime dans les projets stratégiques par un avantage concurrentiel dont l'intérêt se situe bien au-delà de la simple économie de moyens.

Comme cela a été évoqué précédemment, la plus grande partie de la récompense doit être collective.

L'esprit d'équipe et la technicité

La composition d'une équipe de développement Agile requiert une attention toute particulière en ce qui concerne la dynamique des relations interpersonnelles. Une seule personne peut démotiver un groupe. Du côté des informaticiens, s'il est évident que les compétences techniques sont nécessaires, elles ne permettent pas à elles seules d'assurer des relations interpersonnelles harmonieuses. Aussi, un expert d'une technique particulière devra apprendre à se sentir simplement « complémentaire ».

Contrairement à des idées reçues, les programmeurs excessivement compétents et techniques sont à éviter sauf si on pratique réellement la programmation en binôme et la rotation des binômes. Tout au moins lorsqu'ils s'attachent à mettre en œuvre l'intégralité de leur astucieux savoir sans parvenir à le partager. En effet, les nouveaux outils de développement disposent d'un nombre impressionnant de fonctions complexes. La diversité des solutions possibles est telle que la maintenance d'un code réalisé par un « top » développeur peut devenir presque impossible après son départ.

La clé de la productivité est le développeur de haut niveau qui sait intégrer la conception et la réalisation dans une vision « ouverte » de l'obtention de la solution. Gupta simplifiait la question en affirmant : « Le principal outil du développeur est le carnet de chèques qui lui permet d'acquérir les composants qu'il n'aura pas à réaliser lui-même. »

Une culture d'entraide comptabilisée

Dans le cas où le binômage n'est pas généralisé, une culture d'entraide est à la base de l'efficacité des groupes de développement rapide. Elle doit être initiée par un *leader*, puis comprise et développée par tous les participants. Il faut en particulier se donner les moyens de :

- mesurer individuellement l'échange de services,
- éliminer les craintes du « demandeur »,
- stopper immédiatement les réactions négatives,
- focaliser les récompenses sur les résultats d'équipe.

Note : mesurer individuellement l'échange de compétences et de services implique de compter, même grossièrement sur un tableau mural ou sur une feuille de papier, le temps passé par une personne experte dans un domaine à transmettre son expertise aux autres. Ce temps lui sera réaffecté globalement sur le planning.

Dans le cas où cette pratique n'est pas mise en œuvre, les meilleurs éléments prennent du retard dans leur tâche pour aider les autres et, par la suite, ils en viennent à refuser leur concours afin de ne pas finir par être pénalisés. Cette habitude prise, son application ne coûte rien et peut rapporter gros en termes de suppression des temps de recherche et d'élimination des travaux en double. L'homogénéisation des procédures et la réduction de la taille de l'application sont d'autres avantages secondaires.

Des ressources à temps plein

Dans un projet Agile, les membres de l'équipe de développement sont obligatoirement engagés à cent pour cent. Les ressources ne disposant pas de cette disponibilité peuvent participer au projet à divers titres, mais non comme membres de l'équipe Agile.

Ergonomie du travail intellectuel

Afin de faciliter le travail de tous les participants et d'améliorer la productivité, l'animateur doit connaître et respecter quelques clés de l'ergonomie du travail intellectuel.

Des études médicales officielles font état de certaines contraintes que le physique impose au mental et dont il est préférable de tenir compte. En voici quelques exemples donnés par le professeur P.M. Georges, neurochirurgien et professeur en management spécialisé dans les aspects cognitifs visuels des cockpits de management.

Le travailleur intellectuel a deux pics de productivité par jour, mais ils ne sont pas de même nature. Le matin, la température du cerveau est la plus basse. Trois heures après le réveil, nous nous trouvons à l'optimal d'une période de productivité facilitant l'accès à notre mémoire à court terme, celle qui engendre la créativité. Quelque temps après déjeuner, le cerveau est au plus chaud, et ce sont alors les zones facilitant l'expression verbale qui sont favorisées.

De ces observations il découle qu'il est préférable d'organiser les entretiens l'après-midi et de réserver le matin pour la recherche et la production.

Un autre principe se justifie par le temps de latence du cerveau pour passer du mode profond d'analyse et de compréhension d'un plan à celui de sa mise en œuvre. Plusieurs dizaines d'heures peuvent être requises, aussi n'attendez pas le lundi matin pour planifier la semaine avec vos équipes ; organisez-vous dès le vendredi et, bien sûr, l'après-midi. Le bruit est non seulement une interruption, mais aussi une rupture de la pensée. Les recherches effectuées sur la reprise d'une activité optimale après une interruption amènent à imposer l'usage d'une boîte vocale. Les messages seront consultés globalement à période fixe (lors des pauses) afin de préserver des plages de travail sans interruption.

Diagnostic d'équipe

Patrick Lencioni, dans *The Five Dysfunctions of a Team*, propose un modèle d'analyse et de progression d'équipe. Ce modèle présente cinq situations dégradant la performance d'une équipe. Les obstacles cités sont les suivants :

- **Absence de transparence** : Les membres de l'équipe construisent une façade impénétrable de crainte que des éléments extérieurs n'exploitent leurs éventuels problèmes. Dans une telle culture, il est impossible d'avoir une vision précise de la situation.
- **Absence de confiance** : Les membres de l'équipe n'osent pas défendre leur point de vue. Dans cette situation, le projet devra se contenter de solutions imposées.
- **Absence d'engagement** : Ne pouvant faire entendre leur avis, les membres de l'équipe ne s'engagent plus et se limitent au minimum indispensable.
- **Absence de responsabilisation** : Les membres de l'équipe comprennent et acceptent que les autres intervenants dérapent dans leurs pratiques et sacrifient le succès du projet.

- **Absence de résultats** : L'équipe s'autorise des résultats décevants afin de ne pas avoir à remettre en question les modes de travail des membres et la stabilité de leurs relations.

C'est la maîtrise des conditions de motivation rationnelle des participants qui offre les clés permettant de sortir de ces situations improductives.

Fanatiques de la performance

La démocratie dans une équipe Agile s'exprime par une direction collégiale étendue à tous les participants. Une décision prise, son exécution est immédiate, et, comme l'équipe entière a participé au choix, aucune remise en question personnelle n'est admise. Cet engagement implique la constitution préalable d'une « vraie » équipe Agile, c'est-à-dire composée d'acteurs expérimentés, maîtrisant la méthode et soucieux du succès de leur mission.

Dans un groupe bien rôdé, la bonne foi et la logique président à chaque décision. Dans le cas où l'esprit de l'équipe Agile est dénaturé d'une manière ou d'une autre, il est préférable de quitter le projet. Laisser la situation dégénérer par faiblesse (crainte de perte du contrat par exemple pour un consultant) se termine toujours mal, et il est ensuite trop tard pour dégager sa responsabilité. À l'inverse, participer à l'action d'une équipe de fanatiques de la performance et de la réussite de projets est la plus belle chose qui puisse arriver à un développeur. L'entreprise Agile vit au rythme de ses projets, et l'énergie de cette dynamique assure son existence.

Dès 1982, établi au Canada et travaillant à l'occasion pour des entreprises américaines, je commençais à saisir la profonde différence de philosophie qui guide l'action du Français et celle du Nord-Américain. Le Français se tourmente et s'empêtre dans une vaine recherche de conceptualisation alors que le Nord-Américain se contente de réaliser ce qu'il croit possible. « *Just do it* », telle est sa devise empirique et pragmatique.

Porteur de cette philosophie, le mouvement Agile se consacre à l'essentiel et offre la possibilité d'atteindre la puissance simplificatrice. Alors tentons de simplifier, et dans la limite de notre action, prenons pour devise « *be Agile* ».

Glossaire visuel des pratiques Agiles

et des techniques complémentaires

Glossaire visuel des pratiques Agiles

Note : une icône est affectée à chaque pratique. Cette boîte à outils servira de base à une future aide méthodologique en ligne et à des projets menés par des étudiants

Les pratiques PUMA Essentiel

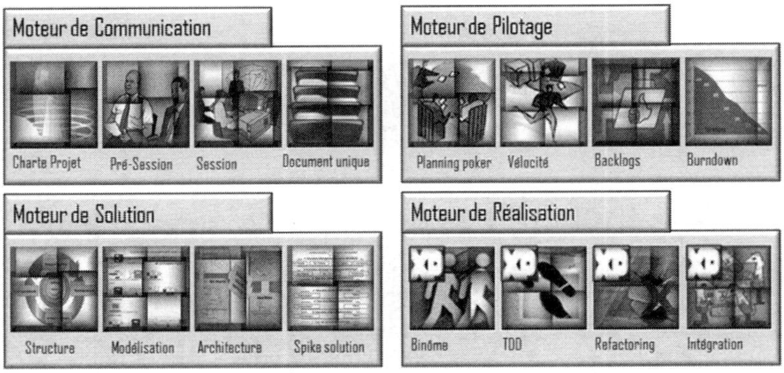

Note : détail des pratiques essentielles dans les chapitres « moteurs »

Pratiques Agiles standards

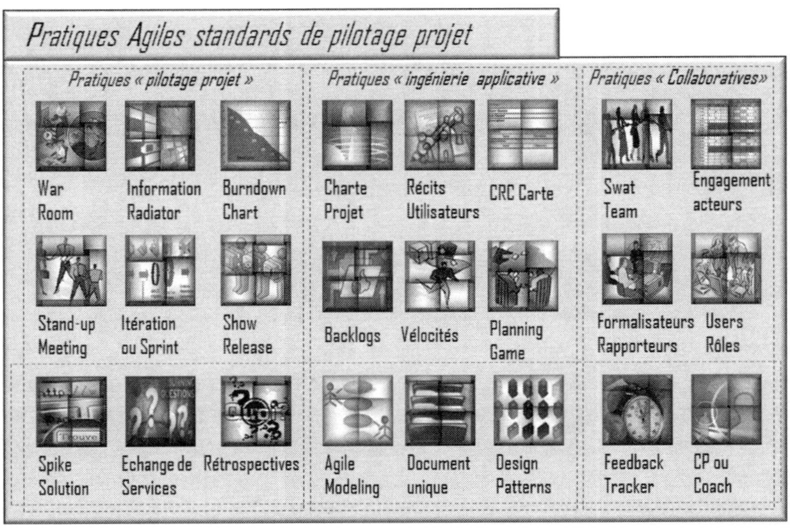

Pratiques principales liées à la méthode

WARO	***War Room - Plateau projet***
	Un environnement optimal de travail coopératif. Les études démontrent que le travail dans une *War Room* double la productivité des développements par rapport au travail réalisé par la même équipe travaillant dans un environnement conventionnel.
INFR	***Information Radiator***
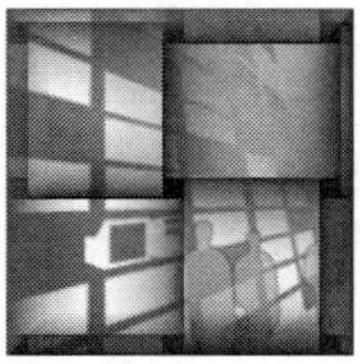	Rassemble sur les murs de la *War Room* les informations clés du projet, dont les principaux indicateurs d'avancement. La mise à jour par l'équipe est permanente et permet de conserver le focus sur l'information opérationnelle, de mettre en exergue les ralentissements et les retards, de réduire les pertes de temps liées au *reporting*.
BURN	***Burndown Chart***
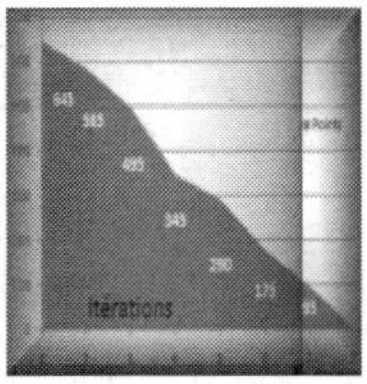	À période fixe, pouvant être une itération journalière ou de *Release*, l'engagement des ressources en regard de l'avancement réel des travaux se matérialise par un graphique de type *Burndown*. L'objectif est d'obtenir une vision réelle de l'avancement permettant de s'assurer de l'adéquation de la production avec les objectifs.
STUP	***Stand-Up Meeting – Réunion journalière debout***
	Réunion journalière portant sur l'état d'avancement de tâches en cours et sur l'organisation de la production de la journée (choix des binômes, répartition des fonctionnalités à produire). Le principal objectif est de détecter un problème émergent. Cette réunion se pratique debout. Elle peut avoir lieu le matin ou le soir (les deux options ont leurs avantages et inconvénients).

ITER	***Itération (journalière ou de release)***
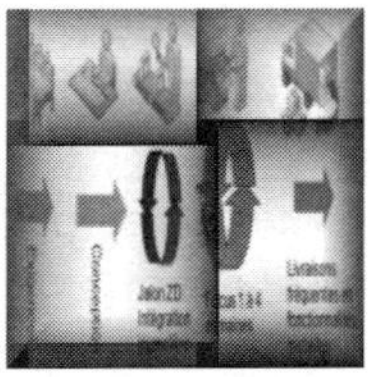	Action de conception développement (*un sprint en Scrum*) qui engage toute l'équipe. Généralement une durée détermine la fin de l'itération, dans certaines conditions cela peut être un périmètre.
SHOW	***Présentation et production d'une release***
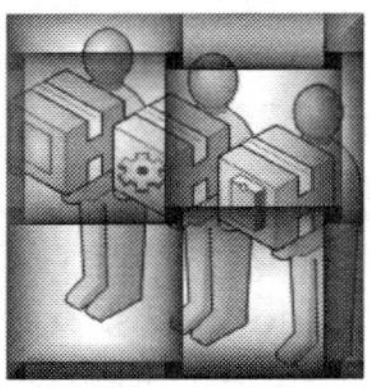	Présentation et critique de l'application en cours de développement, réalisée toutes les deux ou trois semaines. Ces *Show* (ou *Focus)* mobilisent tous les acteurs du projet qui critiquent et enrichissent l'application, fonctionnalité par fonctionnalité. Une version de l'application est conservée et qualifiée de « en état de livraison permanente ».

Pratiques annexes liées à la méthode

SPIK	***Recherche de solutions avancées (Spike)***
	La pratique « Solution de pointe » (*Spike Solution*) couvre une étape d'exploration des possibilités technologiques disponibles ou émergentes (progiciel, composants achetés ou Open source, etc.). Il n'est plus raisonnable de lancer un développement sans avoir au préalable étudié les possibilités existantes d'en faciliter la production.
RETR	***Rétrospective (release - projet)***
	Le but de ces réunions est d'améliorer le processus pour la prochaine itération. Toute l'équipe, incluant l'utilisateur « on site » participe. En pratique, il faut lister les événements du projet en les classant selon leurs impacts, puis choisir sur lesquels sera porté l'effort d'amélioration et enfin définir concrètement les actions à mener.

CHAR	***Charte d'engagement Agile***
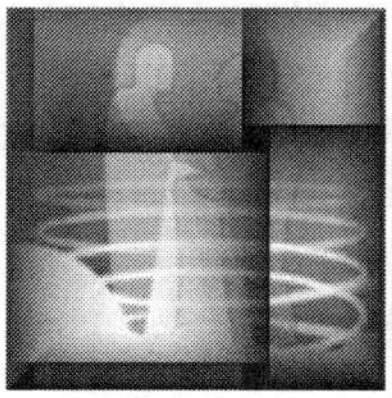	La Charte représente un guide de l'engagement ferme et consensuel de l'ensemble des acteurs (mais surtout des deux principaux). La charte définit le processus commun aux contributeurs participants aux projets. La mise en œuvre de la charte ne peut être effective sans avoir obtenu un engagement formel de toutes les hiérarchies concernées.
RECI	***Récits utilisateurs***
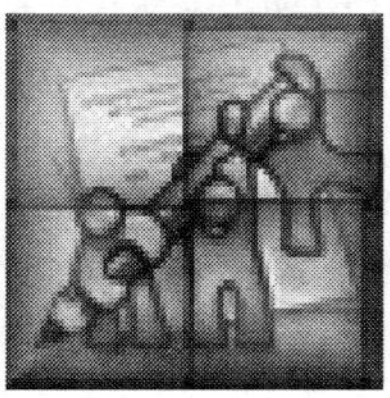	Les Récits utilisateurs sont rédigés (en principe) sur des bristols A5. Un Point de Récit correspond souvent et seulement à l'un des scénarios (nominal ou alternatif) du Cas d'Utilisation. C'est une forme simple, compréhensible par des non informaticiens et aisément manipulable, d'expression des exigences.
CRCA	***Modélisation CRC Carte***
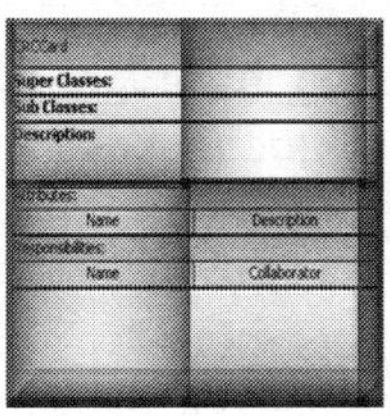	La technique des *Class Responsabilities Collaborators* est basée sur l'importance des rôles qu'une classe joue et des contrats que les autres classes passent avec elle. Les collaborations correspondent aux échanges de messages. Cette approche physique produit une modélisation plus cohérente et moins couplée qu'une modélisation outillée par un logiciel.
BACK	***Liste des fonctionnalités (Backlog)***
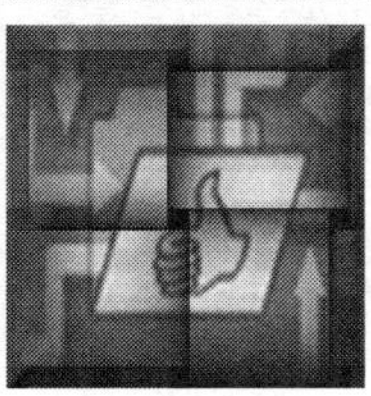	Le *Backlog* de produit ou PDL (Plan de Développement Logiciel) est une liste des fonctionnalités à produire (Item). Une fois priorisées et estimées, en fonction de la productivité estimée de l'équipe (*Vélocité*), la partie des fonctionnalités prioritaires pouvant être traitée dans un temps donné constitue le *Backlog* de l'itération (de release ou journalière).

VELO	***Vélocité***
	La vélocité correspond au nombre d'unités d'estimation produites par l'équipe en une itération. Une vélocité théorique est déterminée en début de projet. Une vélocité réelle sera calculée à la fin de chaque itération (de *release* généralement) en fonction des informations mises en évidence par le *Burndown Chart*.
PLAN	***Planning (Poker) Game***
	Les acteurs déterminent les priorités, les charges et les risques associés aux fonctionnalités à produire (*items de Backlog*). Afin d'éviter de s'influencer les acteurs utilisent un jeu de cartes spécialisé permettant de présenter simultanément les évaluations. La charge d'un item à produire est généralement évaluée en Points ou *Ideal Day*.

Pratiques annexes liées à l'application

MODA	***Agile Modeling***
	Le principe propose une utilisation Agile de la modélisation (AgileModeling.com). Une technique comme les Cas d'Utilisation (*Use Cases*) peut être envisagée. Un Cas d'Utilisation représente un ensemble de séquences d'actions qui modélise un service. Dans ce cas les estimations pourront se baser sur la métrique des Points de Cas d'Utilisation.
DOCU	***Document Unique***
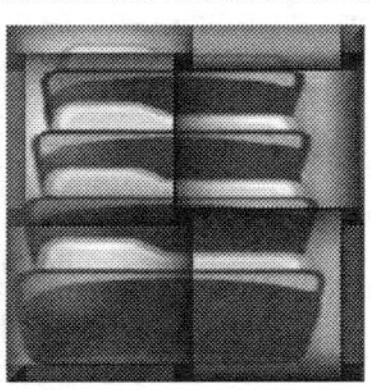	1 projet = 1 document. Dans les projets conséquents, les Exigences sont exprimées de plus en plus précisément lors d'une approche itérative incrémentale. La production est matérialisée dans un document unique pour quatre classes d'exigences et, éventuellement, sur quatre niveaux de profondeur.

DPAT	***Design Pattern***
	Les *Design Patterns* sont des modèles offrant des solutions éprouvées, rapides et élégantes aux problèmes de conception récurrents. Leur usage favorise la communication. Ils se répartissent en trois familles : patterns de construction, patterns de structuration et patterns de comportement.

Pratiques principales liées aux ressources humaines

SWAT	*SWAT Team - Equipe projet Agile*
	L'équipe Agile (Team) se compose de concepteurs-développeurs de type spécialiste-généraliste (experts sur des techniques ou outils précis et généralistes sur les aspects basiques du développement). Cette équipe se qualifie de SWAT (*Skill With Advanced Tools*).
ENGA	*Engagement planifié des acteurs*
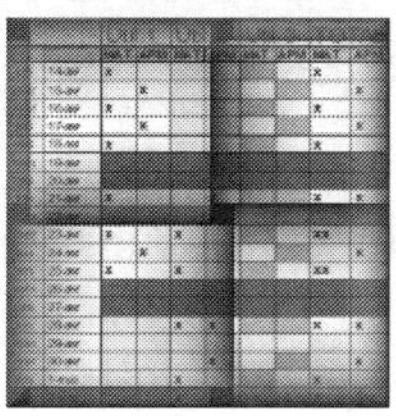	La nécessité de ce document apparaît dans les grands projets lorsque de nombreux utilisateurs sont impliqués et ne participent pas en permanence aux spécifications et validations immédiates. Sur la base de la charte Agile, l'équipe propose un plan d'engagement précis en termes de présence. Parfois cet engagement est détaillé jusqu'au planning journalier.
RAPO	*Rapporteurs*
	Une des techniques Agiles de communication est le Groupe d'Animation et de Rapport où s'expriment conjointement tous les acteurs. Les rapporteurs peuvent être issus des parties impliquées dans le projet. Chacun assumant un des rôles déterminé par sa spécificité : expression des besoins sous la forme de modèles pour les informaticiens et sous la forme de textes pour les utilisateurs.

ROLE	*Rôles des acteurs*
	Les deux rôles principaux : développeurs et client (*Product owner*) se retrouvent dans la notion d'équipe projet. Des rôles occasionnels, (comme la méthode DSDM le propose par exemple), peuvent être pertinents à l'occasion de projets spécifiques (visionnaires, sponsor, ambassadeur, experts, etc.) (ou comme le *Tracker* de XP).

Pratiques annexes liées aux ressources humaines

TRAK	*Tracker*
	Membre de l'équipe, il est le garant de la mise à jour du Radiateur d'informations (nombre de tests clients, scénarios terminés, variation de vélocité, etc.). Il mesure l'impact des nouvelles pratiques décidées lors des rétrospectives. Il s'attache à traquer les informations pertinentes permettant de juger de l'évolution technique, économique et interpersonnelle du projet.
COAH	*Coach (Scrum master like)*
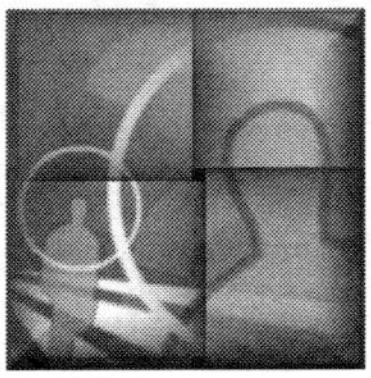	Expert en communication et en méthode, jouant les rôles de facilitateur, de formateur dans la méthode RAD2. Il devient avec Scrum (formé généralement en deux jours) : « un lien entre le projet et l'extérieur ». Il a pour responsabilité « d'aider l'équipe : à travailler de façon autonome, à s'améliorer constamment, à rester concentrée sur son rôle de production ».

Extensions pour les projets complexes

Certains aspects spécifiques des projets d'organisation et des projets informatiques conséquents ou complexes nécessitent le recours à des techniques non couvertes par les méthodes Agiles actuelles. A ces problèmes « pointus », l'Agilité, doit proposer des réponses adaptées et légères. PUMA propose des solutions spécifiques aux problèmes organisationnels récurrents rencontrés dans les grands projets à partir de solutions basées sur des pratiques classiques mais ayant été « agilisées ».

BUSP	***Business plan***
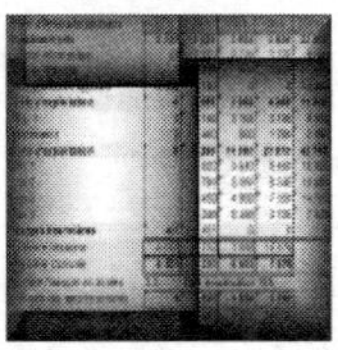	Un « Business plan » s'impose lorsque le projet doit justifier son budget par un retour sur investissement. PUMA propose un modèle super léger de plan d'investissement qui guidera les acteurs impliqués dans cette justification. On ne traitera que le minimum des pratiques économiques et comptables.
RISK	***Pilotage des Risque***
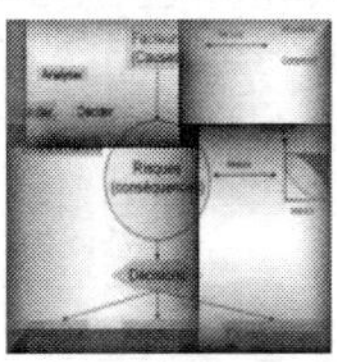	Consiste à répertorier et analyser les risques et les événements susceptibles d'en déclencher l'apparition. Le plan d'actions mettra en œuvre des actions préventives destinées à surveiller l'évolution et la matérialisation du risque et à engager, si nécessaire, des actions curatives.
NEWS	***News Letter du projet***
	Une communication de projet régulière et transparente caractérise le mode de pilotage Agile. Cette pratique propose des moyens de communication adaptés à la taille des projets.

SURV	*Sondage Qualité*
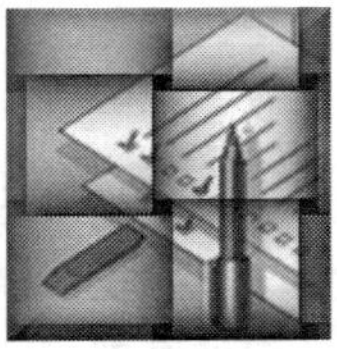	Mesure d'informations tel le niveau de satisfaction des utilisateurs. S'applique, par exemple, à l'impact des correctifs antérieurs (ergonomie de l'interface, conformité aux besoins, complétude fonctionnelle, niveau de documentation, etc.).

ECHA	*Echange de service mesuré*
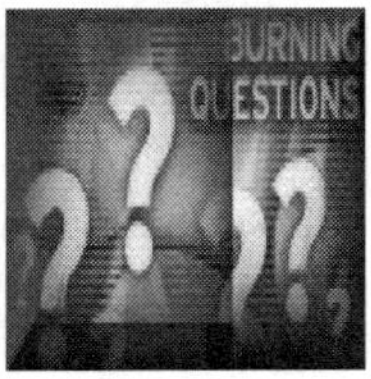	Technique consistant à rapporter immédiatement (généralement sur une petite feuille de planning mural) le temps que les membres experts de l'équipe consacrent à la formation ou au dépannage des autres ou à la mise au point de solutions performantes. A la fin de la semaine, le temps global de service rendu leur est restitué. Cette technique pas lieu d'être conservée dans un environnement réellement coopératif ou de programmation en binôme.

EXTE	*Solution Externalisation*
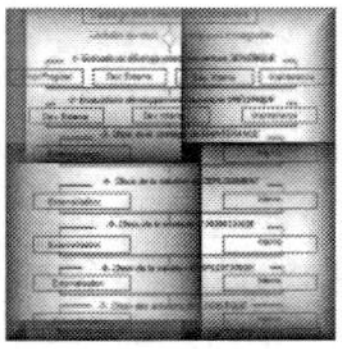	Sept couches externalisables composent l'ensemble de la solution. L'équipe s'ouvre à toutes les possibilités concurrentes et les envisage comme des moyens de remplir sa mission. L'objectif de ce choix est d'obtenir la meilleure qualité au meilleur coût, dans le meilleur délai.

PLAT	*Plateau virtuel*
	La plate-forme de travail coopératif virtuelle s'affirme alors comme le moyen d'expression privilégié de la communication lorsque le Radiateur d'informations physique n'est pas accessible à tous. Des outils Agiles comme *Version One, Ice Scrum, etc.* instrumentent ces besoins.

PAQA	*Plan Assurance Qualité Agile / CMM*
	La notion de normes de qualité est aussi un principe avec lequel l'Agilité est souvent confrontée. Si indispensable au donneur d'ordre, PUMA propose un Plan d'Assurance Qualité Agile compatible CMM de par sa structure.
TPSP	***CMMi TSP-PSP***
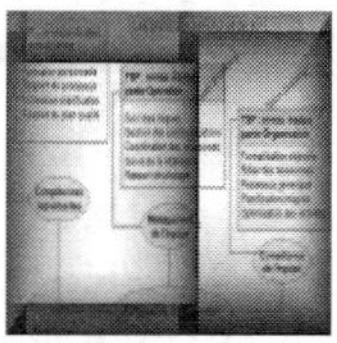	L'Agilité et la normalisation sont des courants de pensée d'objectifs identiques mais philosophiquement opposés dans les principes d'obtention. Cette pratique réalise un *mapping* entre les pratiques Agiles et les pratiques de CMM TSP et PSP.
PROC	***Processus formalisé***
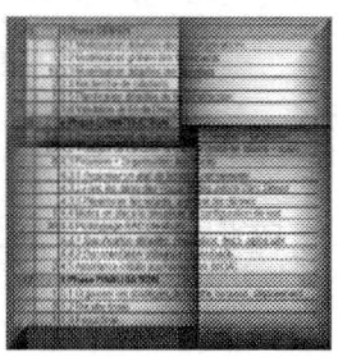	Base de toutes les approches standardisées comme CMM. Sans introduire un processus lourd dans un mode Agile, s'appuyer sur une Check-list des actions ou pratiques usuelles pour déterminer celles qui semblent être pertinentes dans le contexte s'avère généralement une aide utile aux divers acteurs.

PUMA Global comprend aussi deux groupes de pratiques dédiées au BPM et à la SOA.

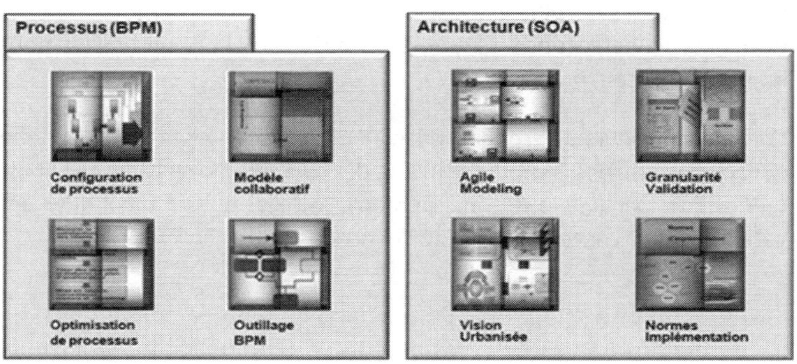

BPMA	***Modèles de Business Process Management***
	Le BPM s'appuie sur la modélisation métier pour optimiser et adapter l'ensemble des activités. En permettant de remodeler l'organisation autour des processus composant le cœur de l'organisation, le BPM s'impose comme le levier principal de la performance opérationnelle. Les projets de BPM font l'objet d'une option de PUMA.

SOAT	***Standards techniques***
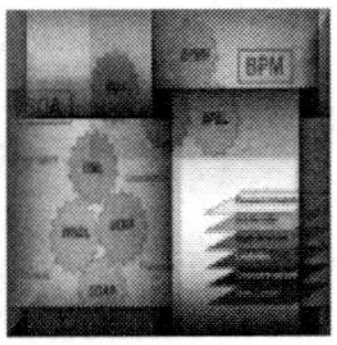	Les standards sont les éléments « clé » des projets de SOA ou BPM. Cette pratique répertorie les divers protocoles SOAP, WSDL, UDDI, WS-x, BPMN, BPEL, etc. et ce qu'une équipe projet a besoin de connaître pour modéliser et orchestrer des processus ou développer des services Web.

Les pratiques venant d'être citées ne peuvent pas être détaillées dans un ouvrage généraliste comme celui-ci.

Il est possible, en premier abord, de trouver l'ensemble de ces pratiques lourd ou complexe mais, comme l'a constaté Bruce Robertson du Meta Group : « Les bonnes habitudes sont difficiles à prendre, et encore plus à conserver. Appliquées avec régularité, elles deviennent une seconde nature, sans besoin d'effort particulier pour les mettre en œuvre. »

Conservez toujours à l'esprit Le principe du « nécessaire et suffisant » : ce qui ne constitue pas la production d'un des composants de l'application est une action parasite aussi indispensable qu'elle puisse théoriquement paraître et, cela concerne la totalité des actions de pilotage de projet.

Un Framework Agile global

Prospective et futur en construction

Un Framework Agile global

La dynamique de l'évolution

> *L'émergence d'une économie mondialisée et numérisée positionne la dimension temporelle de la performance comme le vecteur déterminant d'une recherche exacerbée de différenciation stratégique.*

L'explosion des opportunités offertes par la révolution de l'information vient défier les entreprises classiques et leur logique traditionnelle de management. Pour les dirigeants, une réactivité accrue s'impose, car, comme le souligne Microsoft « les entreprises Agiles ont une vision et une organisation d'avance ».

Le mouvement Agile a émergé à la fin des années 80 et découle naturellement de la nécessité de répondre à ces relations conflictuelles. Cette référence historique n'est pas anodine. En effet, selon le modèle d'appropriation des technologies ou méthodes émergentes du Gartner Group, vingt années sont nécessaires à leur maturité et à leur acceptation.

Dès 1999, dans *Organization Modeling,* il fut démontré que les caractéristiques d'une organisation telles que l'Agilité, la qualité, la performance d'exécution sont issues de patterns et d'alignements entre divers domaines organisationnels représentés par le SI, les processus ainsi que la qualité et la motivation des ressources humaines. La recherche de la maîtrise de ces caractéristiques représente le point de départ du courant de « modélisation organisationnelle ».

Les préoccupations des années 2010 se focaliseront sur la complexité et la méthode. Le mouvement Agile s'affirmera.

L'Agilité moteur du progrès

Dans la mise en évidence des différences fondamentales entre les méthodes prédictives issues du rationalisme cartésien et les méthodes Agiles issues de l'empirisme pragmatique, la rupture la plus profonde concerne l'appréhension de la complexité.

Lors d'une formulation des exigences, cet aspect n'a rien de théorique.

Depuis près de vingt ans, les difficultés rencontrées lors des développements de systèmes d'information ou lors des opérations de configuration de processus ont mis en évidence les lacunes des approches classiques de management face à l'enchevêtrement de cette double problématique.

Dans le même temps, le Gartner Group nous propose un modèle d'évolution de nos systèmes où le temps alloué aux entreprises pour mettre en œuvre une réponse au changement se réduit drastiquement (Figure 61). Il se présente sous la forme d'un Vortex de Réactivité exprimant parfaitement la contrainte Agile de la RTE (*Real Time Enterprise*).

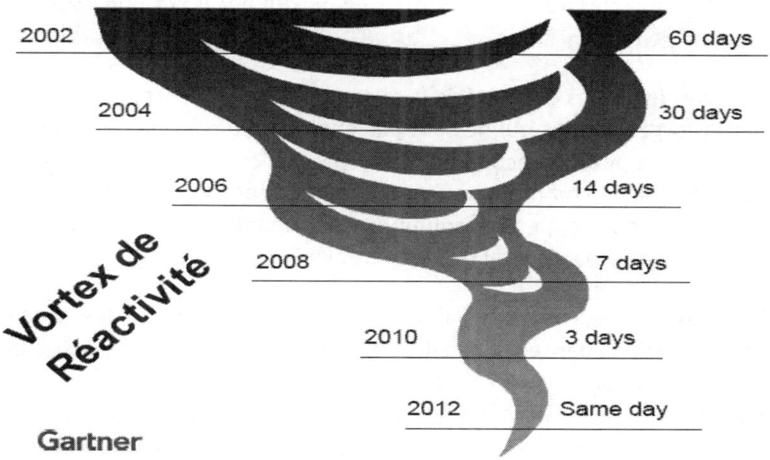

Figure 61. — Vortex de réactivité du Gartner

En réponse, l'Agilité propose un changement de paradigme coopératif, une mutation des styles de management, un mode de survie des organisations. Son émergence est aussi inéluctable et mal comprise que le réchauffement climatique ou la raréfaction des énergies fossiles.

Pour utiliser une métaphore, l'Agilité, ce serait le transport en commun du management. Personne n'a envie de voyager debout et de se faire bousculer. Mais, lorsqu'il n'y a plus de place pour se garer, que votre véhicule est paralysé dans la seule voie possible et, de surcroît, complètement encombrée, alors le bus ou le métro deviennent des opportunités acceptables.

Pourtant, le mode Agile pulvérise les frontières du management classique en positionnant les ressources humaines face aux réels dangers d'un environnement en crise et en mutation. Au bout du chemin est-ce « l'intrapreunariat » pour tout un chacun, que l'on couplerait à un capitalisme de masse avec ses avantages mais aussi ses inconvénients, qui apportera la solution ? Trop tôt pour l'assurer et certainement trop dangereux pour l'annoncer. De nombreuses grandes entreprises américaines comme Microsoft, Intel ou Google, pour ne citer que les plus connues sont pourtant engagées dans cette voie.

L'Agilité se révèle alors une approche novatrice à la fois sociologique, technologique et industrielle. Elle signe la fin du taylorisme devenu indéfendable dans les pays industrialisés, compte tenu de l'importance du coût des ressources humaines.

L'Agilité est aussi une réponse contraignante à mettre en œuvre. C'est à la fois une culture et un investissement qui nécessite une évolution radicale de l'organisation.

Cet état de choses est à la fois la raison qui explique le rejet de l'Agilité par les organisations qui ne sont pas encore acculées à la performance et son acceptation inconditionnelle par celles qui le sont. L'Agilité s'affirme alors comme une vague de fond portée par la nécessité absolue de développer des solutions performantes sous contraintes de temps, de budget, de qualité ou de visibilité.

Le choix de l'Agilité n'est pas un problème de mode ou une bataille théorique de la pensée. Il serait dangereux de s'y tromper ou de ne pas le comprendre assez rapidement. La nouvelle entreprise « apprenante » ou « *progressive* » vit au rythme de ses projets et, dans la confrontation qui lui est imposée, l'énergie issue de cette dynamique lui assure la prédominance.

Les précurseurs l'ont compris, tous les paramètres déterminants d'un changement majeur s'alignent pour annoncer la venue de la différenciation stratégique et le temps des grandes ambitions organisationnelles et technologiques. « Devancer, proposer, gagner à la comparaison, donner l'envie, inspirer confiance, livrer, satisfaire » sont les mots clés. « Veille technologique, *benchmarking*, CTI, CRM, ERM et autres supports de l'économie élargie » sont les réponses techniques. Les projets deviennent multi-domaines, multi-responsabilités et multi-compétences.

Note : les informaticiens et les organisateurs vont vivre une époque formidable sous peu qu'ils se dotent d'un peu de méthode pour en maîtriser les dangers.

L'Agilité sous l'angle des processus

L'Agilité organisationnelle est avant tout une recherche d'amélioration des processus opérationnels, afin qu'ils tendent vers la perfection, sur la base d'une optimisation continue.

Dans un esprit d'Agilité absolue, la reconfiguration de processus vise la performance et ne s'intéresse pas aux fonctions des personnels impliqués. « Les anciens intitulés ou descriptions de postes et d'organisation ne veulent plus rien dire. Motiver les gens et instaurer des liens de communication directs, voilà ce qui est important. » Comme le proclament Hammer et Champy dans leur ouvrage-culte et toujours d'actualité *Le Reengineering*, « services, divisions, groupes, etc., sont des artefacts d'une autre époque ».

Ce qui compte dans une recherche d'Agilité au niveau le plus élevé de l'organisation, c'est de comprendre comment réagit l'environnement et quelles technologies peuvent apporter des éléments différenciateurs.

La reconfiguration répond alors d'une pensée de rupture : « qu'est-ce qui était efficace, et pourquoi ? Qu'est-ce qui ne l'était pas et pourquoi ? »

Sans cet autodiagnostic l'automatisation offre seulement un moyen plus efficace pour faire ce qu'il ne faudrait pas faire et en aucun cas une véritable Agilité. De plus, en continuant à citer cette vision de la reconfiguration, « Ces réflexions doivent être incessantes car non seulement le changement devient incessant, mais c'est la nature même du changement qui change. Malheureusement, à travers sa veille technologique classique, l'organisation le plus souvent ne détecte que les changements auxquels elle s'attend. »

Cette dernière définition est capitale, car elle implique formation et motivation rationnelle des acteurs.

L'Agilité sous l'angle des ressources humaines

La vision même du travail et de la relation avec l'organisation change. Les individus partagent avec les membres de leur équipe une responsabilité devenue collective et, plus précisément, coopérative.

Respectant parfaitement les valeurs fondamentales de l'Agilité, les membres des équipes de processus sont collectivement responsables des résultats de leur processus et non plus individuellement responsables de leur tâche personnelle.

Même dans un contexte industriel ou administratif, à l'identique de *l'eXtrem Programming,* chaque ressource aura au moins la connaissance de base de toutes les étapes du processus et devrait à l'idéal être en mesure d'en assurer plusieurs. Ainsi le travail de chacun se trouve enrichi par la compréhension du processus dans son ensemble.

« Progressivement au cours d'une reconfiguration, les horizons des acteurs s'élargissent et la qualité de leur engagement s'améliore. En effet, la reconfiguration de processus élimine non seulement les gaspillages mais aussi le travail sans valeur ajoutée. Ainsi sont éliminés l'essentiel des vérifications, pointages, attentes, surveillances, travaux improductifs imposés par les cloisonnements internes de l'organisation et destinés à compenser la fragmentation des processus. Dans un processus reconfiguré et Agile, les ressources travaillent sur des tâches à réelle valeur ajoutée. »

Je recommande, pour comprendre les finesses de la « reconfiguration », de lire l'ouvrage *L'Amélioration continue* de Jean-Pierre Madoz d'où sont extraites les lignes suivantes : « Après une reconfiguration, le travail est plus gratifiant, les travailleurs éprouvent une plus grande impression de complétude, d'achèvement et d'accomplissement. Ils assurent en fait un travail complet incluant la responsabilité opérationnelle d'un processus ou d'un sous-processus. »

D'une part, quand une entreprise réalise une reconfiguration de processus, les tâches jusque-là complexes deviennent simples, et les postes jusque-là simples deviennent complexes. D'autre part, après une reconfiguration de processus, l'organigramme tend à être plat, car le travail est réalisé par un personnel jouissant d'une grande autonomie.

Si les emplois reconfigurés se révèlent plus intéressants, ils sont aussi plus stressants et plus difficiles. De même, comme il est précisé dans *L'Amélioration continue,* les emplois reconfigurés conduisent automatiquement à un accroissement de responsabilité.

L'*Empowerment*, une autre valeur forte de l'Agilité, en est donc une conséquence inévitable, car « on ne peut reconfigurer un processus sans conférer du pouvoir à ceux qui en auront la charge ».

Cet aspect a aussi d'importantes conséquences sur le profil des ressources. « La formation accroît l'habileté et la compétence du salarié et lui enseigne le -comment- d'un travail. L'éducation accroît sa perspicacité et lui enseigne le -pourquoi-. Après une opération de reconfiguration de processus, l'éducation continue devient la norme. »

Dans une entreprise reconfigurée « la rémunération de chacun dépend essentiellement de sa contribution au résultat ainsi que d'une performance globale mesurée à l'aune de la valeur créée. La récompense d'un travail bien fait est une prime et non un avancement. L'avancement dépend de l'aptitude, c'est un changement et non une récompense ». Cela évite de promouvoir un bon technicien à un poste de mauvais gestionnaire et permet de contrer le principe de Peter.

Pour Breton, c'est l'initiative et l'esprit d'entreprise des subordonnés qui permettent de gérer l'incertitude à condition que les actions en résultant concourent à la réalisation des objectifs de l'organisme et que les subordonnés reçoivent une rémunération individualisée en conséquence.

Comme ces derniers points évoqués le mettent en exergue, la reconfiguration de processus implique une évolution de la culture de l'organisation aussi profonde que celle de sa structure. « Les salariés ont l'intime conviction qu'ils travaillent pour leurs clients et non pour leur patron. En fait, ils n'y croiront que dans la mesure où les moyens de motivation renforceront cette conviction, car les valeurs et les convictions des salariés découlent principalement de la mesure de leurs résultats et de leur rémunération. »

L'Agilité sous l'angle de la technologie

Pour bien mener une reconfiguration l'apport des nouvelles technologies est primordial et leur usage doit être déterminant. Toujours dans *Le Reengineeering,* on lit : « L'instigateur de leur choix devra penser par induction : (j'appréhende une évolution technologique importante -> donc je cherche une opportunité d'usage futur) et non simplement par déduction classique (j'ai un problème déterminé-> donc je cherche une solution connue). Appliquer aux technologies un raisonnement déductif conduit à ignorer celles vraiment importantes qui sont en émergence. »

Autre détail d'Agilité organisationnelle : « La notion d'autorité hiérarchique appartient au modèle de la Révolution industrielle. Un leader n'impose pas aux gens un changement qu'ils refusent. Il élabore une vision et obtient qu'ils y adhèrent, de telle sorte qu'ils acceptent volontairement et avec enthousiasme le stress dû à sa réalisation. » Dernier point pratique, l'Agilité requiert une adaptabilité perpétuelle qu'il ne faut pas chercher à obtenir au détriment de l'efficacité ou de la qualité.

En effet, l'évolution technologique permet d'offrir à la clientèle des produits ou des services sur mesure. Mais, pour y parvenir, le client doit être considéré comme la source principale d'information ayant une valeur déterminante dans les choix de l'entreprise. De plus, pour le fidéliser, il est fortement conseillé de l'associer, dans la mesure du possible, au processus de création du produit ou à sa personnalisation dans le cas d'un client final. Nous sommes au cœur de l' « Agile ».

À l'extrême limite du principe, dans le cas d'une grappe industrielle (principe de structuration supra entreprise au Canada), l'entreprise s'implique dans les processus de ses partenaires, afin d'en comprendre les possibilités et les limites pour organiser la structure de production offrant la réponse la mieux adaptée à un besoin défini.

Cette concaténation brutale de paragraphes n'a pas l'ambition de définir le principe Agile. Il s'en dégage seulement la variété descriptive des théoriciens ou acteurs de l'organisation sur le sujet. De même, le lecteur, à la fin du prochain chapitre, aura compris que la réflexion historique sur l'évolution de nos sociétés et des modes de management qui en découlent, conduit à une vision terriblement pragmatique de l'Agilité.

Pilotage de la complexité et de l'incertitude

> *Pour atteindre l'Agilité, il faut obtenir une simplification que seule la maîtrise du détail des deux cultures, conventionnelle et Agile, rend possible.*

Comme il vient d'être expliqué, pour le théoricien, l'Agilité serait la réponse du pragmatisme à l'évolution de la complexité des systèmes organisationnels. Pour le praticien c'est à la fois plus simple dans le principe, mais plus difficile à mettre en œuvre.

Dans la pratique des organisations, la simple mise en œuvre d'une méthode itérative-incrémentale-adaptative lors de la conduite d'un projet de développement, serait déjà un vrai pas vers cette fameuse Agilité tant souhaitée mais si peu recherchée dans le concret.

L'Entreprise et ses projets

> *Lorsque l'environnement d'une organisation évolue, cette organisation doit s'adapter au changement, sinon la qualité et la productivité de ses prestations se dégradent.*

L'organisation dispose généralement de deux vecteurs d'ajustement de son Agilité : son niveau d'automatisation et ses ressources humaines. Le choix de la solution est généralement lié aux coûts relatifs de ces deux vecteurs et peut donc être différent selon les contextes.

Un système d'information Agile se caractérise par sa capacité à fournir une réponse optimale à l'évolution de l'organisation qu'il instrumente :

- D'une part, une granularité trop grosse doit être compensée par une charge additionnelle appliquée aux ressources humaines.
- D'autre part, des adaptations trop fréquentes du SI représentent, non seulement un coût prohibitif, mais souvent un facteur de déstabilisation.

Dans ce principe l'homme tient une place prépondérante et l'entreprise vit au rythme de ses projets. Chaque projet, s'il est un progrès, rend l'organisation plus efficace et plus intelligente.

Par contre, « l'entreprise intelligente ne peut pas être mise en œuvre avec des imbéciles ». Cette constatation implique une réelle délégation et donc potentiellement une perte de pouvoir pour une direction essentiellement hiérarchique. Cette situation est d'autant plus dangereuse que la personne réceptrice du pouvoir délégué est intelligente et finira par mettre en cause des inégalités de traitements trop flagrantes ou une autonomie trop réduite pour être réellement efficace.

Un fait indiscutable au Canada mais discuté en France : les structures les plus performantes sont des coordinations plates. A ce sujet, Wintrobe, dans ses travaux relatifs à la productivité individuelle, a mis en évidence, en matière de qualité et de performance, que « la confiance horizontale obtenue par un engagement collectif a une influence plus importante que les contrôles hiérarchiques pour répondre à l'accélération des exigences de la clientèle ».

Ainsi, selon la vision d'Olivier Badot, la structure Agile s'attachera à rapprocher toutes les composantes de l'organisation du client final. Cette approche confère à l'Agilité la capacité de composer avec la notion de « rationalité limitée » qui réfute la continuité temporelle de la vision Taylorienne en lui substituant une dimension interactive où les employés sont dotés d'une liberté de moyens leur permettant d'organiser de manière autonome l'atteinte de leurs objectifs.

La coordination plate ne supprime pas totalement la hiérarchie, elle en réduit les niveaux, les rendant encore plus désirables.

Dans un contexte Agile, la délégation d'une partie de l'autorité n'est pas considérée comme une perte de pouvoir sans contrepartie. Elle permet de démultiplier les possibilités de compréhension et de résolution des problèmes à la source de leur apparition. Le personnel opérationnel le plus proche de l'exécution étant souvent le mieux à même de les percevoir, d'en informer les échelons supérieurs et, lorsque ceux-ci sont mineurs, de les traiter directement.

Ainsi, l'entreprise Agile maîtrise en continu la complexité d'un environnement mouvant, en traitant dès leur détection les évolutions émergentes.

De la stratégie aux projets de développement

> *Lorsqu'une organisation se targue d'évoluer, c'est généralement en regard du développement du SI.*

Pour réellement gagner en efficacité et productivité dans la gestion globale des flux du SI, il faut prendre en compte les interactions entre les applications et être en mesure d'en modifier rapidement les règles d'implémentation. Cette exigence d'urbanisation est la base de fonctionnement d'une architecture organisée en services réutilisables. Car (cette redite est volontaire), lorsque l'organisation évolue en parallèle à son environnement, mais que sa représentation opérationnelle et son système d'information ne s'adaptent pas assez rapidement à cette évolution, deux situations se présentent :

- soit l'organisation faillit à ses missions ;
- soit les ressources humaines compensent les défaillances.

Afin de garantir durablement la satisfaction des clients, et assurer du même coup la réussite de l'organisation, le progrès doit être pensé, promu, organisé et déployé en continu (Figure 62). Sa marche va de pair avec le développement de la compétence des ressources humaines et la fédération de leurs énergies.

Cette « conduite du progrès en continu » implique simultanément :

- une vision maîtrisée au quotidien des activités opérationnelles ;
- la détection des problèmes et, en réponse, l'adaptation des processus organisationnels ;
- la prise en compte des émergences technologiques différenciatrices ;
- l'adaptation du métier à l'évolution de l'ensemble de son environnement.

La concrétisation de ces quatre points et l'anticipation des risques associés à leur traitement matérialisent le concept de volonté stratégique. Les services offerts par les DSI aux directions métiers ne font pas exception à la mise en œuvre de cette approche idéalement progressive, mais trop souvent effectuée « par percées ».

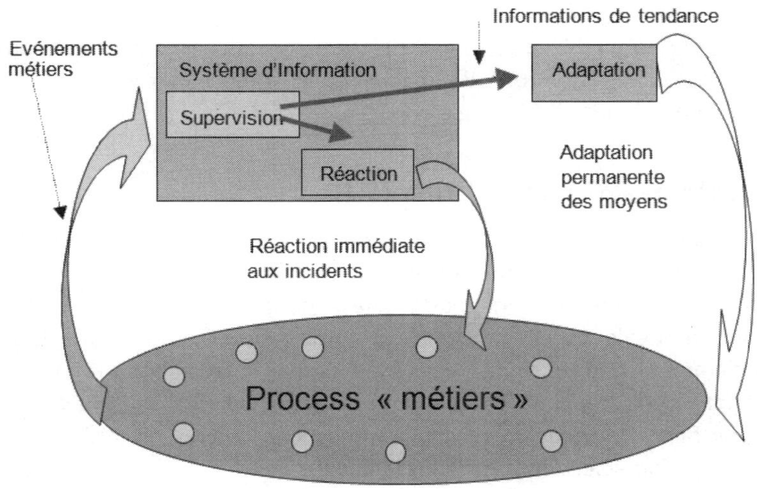

Figure 62. — Dynamique de gestion des évolutions Processus / SI

Intelligence collective et complexité de détail

> *Les systèmes organisationnels d'aujourd'hui, à l'instar du vivant, sont complexes et parfois volontairement et insidieusement compliqués. À défaut de les simplifier immédiatement, ce qui n'est pourtant pas une utopie, il faut, pour les maîtriser, utiliser le pouvoir de l'intelligence collective.*

Les projets d'optimisation continue des processus sont en ce sens de puissants moyens d'obtention d'avantages concurrentiels au meilleur coût. Le principe tire sa force de la connaissance pratique des employés du bas de la « pyramide » dont la participation volontariste à une recherche systématique d'améliorations est suscitée.

Bien déployée, cette technique optimise tous les secteurs de l'entreprise. Dans cette quête de productivité, lorsque les règles d'optimisation continue sont réellement et complètement implémentées, l'organisation dispose d'un fantastique outil de résolution de la « complexité de détail ».

La détection et la résolution des problèmes peuvent alors s'appliquer à une multitude de dysfonctionnements mineurs qui échappent généralement aux échelons supérieurs compte tenu de leur faible visibilité.

Voilà pourquoi, dans une organisation Agile, la coordination respecte une forme de démocratie où les connaissances sont complémentaires et leur partage activé par la recherche de performance collective.

Dans une hiérarchie plate, l'autorité semble s'effacer, alors que, dans les faits, cette structure de management impose naturellement la rigueur et démultiplie l'énergie engagée.

Problèmes SI et solutions NTIC

Principal élément de réponse, la pensée Agile qui, à l'écoute de l'ouverture du monde, ne se préoccupe pas du passé et de l'existant, car elle vise un futur immédiat. Elle a pour vision et pour cible la solution idéale qu'elle imagine en anticipant l'état de l'art. Mais évidemment rien ne saurait être aussi simple. Il faut donc prendre en compte quelques contraintes et quelques ingrédients de plus, tels le savoir-faire et l'engagement des hommes. Car, comme dit le diable de la *Divine Comédie*, « tout est dans la finesse ».

Traduire, publier et tenter d'utiliser brutalement les méthodes émergentes aux US est une chose ; mais comprendre les différences culturelles, afin d'anticiper leurs limites de mise en œuvre et d'engager une étape d'adaptation en est une autre.

Au dernier niveau, se situe l'enrichissement des concepts qui aboutit aux communications sur l'évolution de l'état de l'art. À ce point, il faut être conscient que le simple fait d'être de ce côté de l'océan représente un terrible désavantage pour la généralisation et la diffusion de la chose. C'est pourtant ce que nous allons essayer de faire avec l'offre « Entreprise Agile » instrumentée par PUMA.

PUMA : trois vecteurs indissociables

Un cadre dynamique d'évolution des processus métier, des systèmes d'informations et des modes collaboratifs.

Vecteurs de la dynamique organisationnelle

Appréhender l'architecture de l'entreprise sur la base d'une modélisation formelle est un préalable indispensable à toute forme d'action dans le domaine des processus. Par contre, il devrait être évident qu'il est vain d'en chercher la clé d'évolution dans une approche axée sur la structure du SI. La réponse n'est pas dans la structure mais dans la **dynamique du processus**.

Plus précisément dans une double dynamique :

- la première, au présent, est une réaction immédiate d'adaptation opérationnelle du processus ;
- la seconde, au futur immédiat, est une anticipation rationnelle des évolutions technologiques et fonctionnelles.

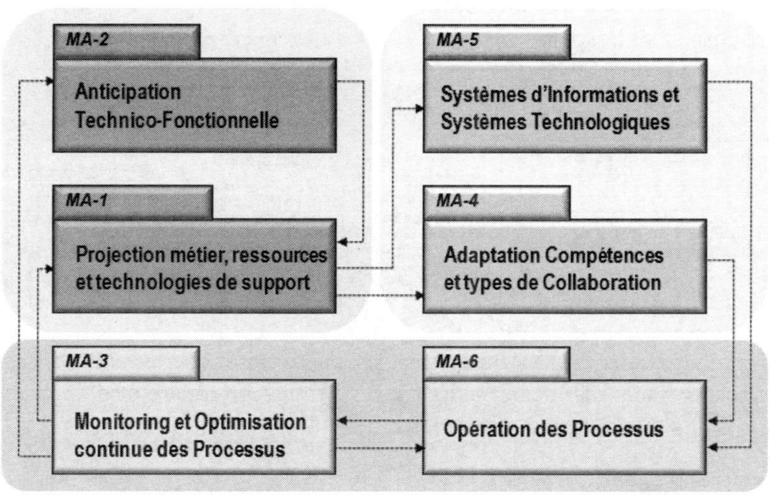

Figure 63. — Modèle d'Entreprise Agile (Architecture PUMA)

Dans le « *buzzword* du *Framework* architectural », la plus grande imprécision règne. L'absence de vision globale des informaticiens en est certainement la cause. Leurs propositions se limitent actuellement aux aspects techniques ou applicatifs du système d'information. Cette vision d'urbanisation qu'ils qualifient d' « entreprise » fait abstraction d'une modélisation des compétences, des motivations et des types de collaboration autorisés aux ressources humaines. Elle n'implique pas non plus de modèle anticipatif de l'environnement en évolution.

Afin de répondre à l'ensemble de cette problématique, PUMA propose un modèle (ou une architecture) réellement global d'Entreprise Agile.

Dans cette approche, la dynamique d'évolution de l'entreprise se structure en 6 modèles et 9 interactions (Figure 63) qui améliorent la structure de référence *Gartner Architecture for Real Time Reactive Change* (Figure 67 Page 192).

Cette Architecture d'Entreprise offre enfin une réponse formalisée et justifiée à la question : « En fonction de quoi et comment devons-nous changer le processus, le SI ainsi que les compétences de nos ressources humaines ? »

La mise en œuvre de ce modèle se base sur une vision organisationnelle de l'Agilité. Une telle approche nécessite un outillage couvrant un scope beaucoup plus large que celui des méthodes de développement spécifique d'applications.

La boîte « à modèles » ou *framework* global PUMA (Figure 64) offre une réponse à ces besoins.

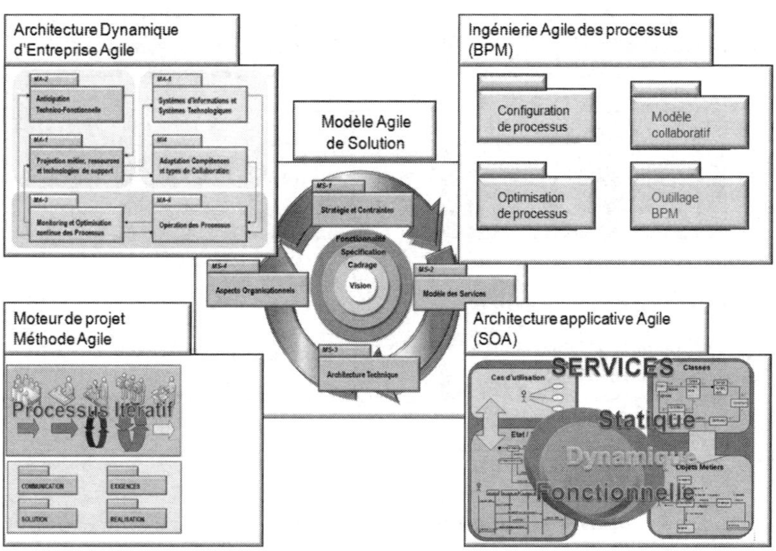

Figure 64. — Boite à "modèles" PUMA

Le *framework* global PUMA (Figure 64) se compose :

- d'une Architecture d'Entreprise Agile,
- d'un modèle d'expression des Exigences de changement,
- d'un groupe de 4 moteurs de développement d'applications,
- de modèles spécialisés (BPM, SOA).

Dans sa version étendue PUMA propose une « boîte à outils » (Figure 65) répertoriant les besoins Agiles classiques et ceux des grands projets ou des projets complexes. Dans ces derniers cas, chaque technique ainsi proposée a été simplifiée et « agilisée ».

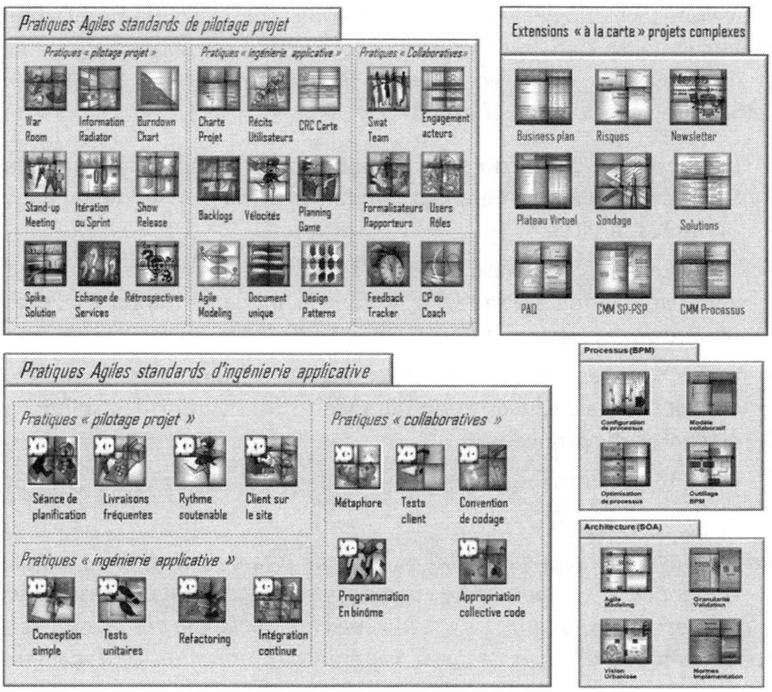

Figure 65. — Un set d'outils et de techniques « Agilisées »

Dans la mise en œuvre de PUMA, la souplesse doit être considérée comme la faculté de s'adapter à l'évolution et la rigueur comme la capacité de respecter une orchestration de bonnes pratiques formellement définies.

Sans souplesse, la rigueur mène à la bureaucratie, et, dans un monde en rapide évolution, les pratiques coûteuses et lentes conduisent à l'échec. De même, la souplesse sans la rigueur conduit au chaos.

La mise en œuvre du *Framework* PUMA correspond à la recherche d'un équilibre entre la rigueur et la souplesse qui laisse place à la créativité, à l'adaptation aux imprévus et à l'amélioration continue tout en dotant le projet d'un ensemble de lignes directrices clairement définies qui guident l'engagement des ressources humaines et favorisent l'excellence de la réalisation.

C'est selon cette philosophie qu'il faut comprendre, interpréter et utiliser les modèles et outils du *Framework* global PUMA.

Agilité et solutions « clé en main »

Parfois les solutions génériques sont inexistantes (nouveaux besoins, nouvelles technologies) ou inadaptées au contexte (différenciation concurrentielle). Dans ces cas, un développement spécifique est justifié, et quatre aspects vont concourir à la performance du projet et à l'efficience de la solution en résultant :

- La souplesse de l'architecture applicative, et particulièrement la facilité de redéploiement qui conduit à privilégier les techniques orientées services.
- La pertinence, la qualité et la fiabilité de la solution, qui résultent généralement de pratiques Agiles de développement industrialisées (*Frameworks, Design patterns)*.
- La maîtrise des délais, des coûts et des autres contraintes de projets auxquelles les techniques de pilotage PUMA offrent des solutions élégantes et éprouvées.
- L'Agilité et l'intégration des outils et des hommes dans un concept d'« usine d'applications ».

Note : plus généralement, l'obtention Agile d'une application s'appuie sur un modèle de recherche de composants « clé en main » (modèle en 7 couches correspondant à des niveaux du cycle de production tels qu'ils sont décrits dans le livre Système d'Information et Processus Agile).

Agilité et développement spécifique

En ce qui concerne les pratiques plus spécialisées de l'Agilité, liées au pilotage de projet, à la communication, à l'expression des besoins ou au développement, PUMA s'appuie sur les standards Agile et fédère opérationnellement l'ensemble de ces concepts.

Les approches Agiles qui ont inspiré PUMA ont fait l'objet de nombreuses communications, aussi leurs spécificités ne seront pas détaillées. Par contre, un rappel des principes peut favoriser la mise en contexte de la partie conduite de projet PUMA :

- Dans un mode Agile, un développement souhaitant associer la performance à la qualité induit un phasage simple et une conduite de projet itérative.
- La nécessité d'un couplage fort entre une forme de modélisation comme UML et un cycle de développement incrémental est également mise en évidence.
- Les communications et les modes de travail sont coopératifs et facilitent à l'extrême la remise en question rationnelle des objectifs et des priorités.
- Le travail d'équipe est naturellement réactif au changement, économe de moyens et en recherche continue d'efficacité.
- Lors de la phase de Construction de la solution, des pratiques systématiques et orientées « validation permanente » évitent naturellement la concrétisation des « risques projet » classiques.

En résumé, les processus de communication, de décision et de production sont en parfaite synergie et au niveau de granularité optimal.

Fondements du développement Agile

L'étude des principales méthodes Agiles démontre qu'elles sont similaires dans leurs fondements :

- Respect de l'urbanisation (positionnement du projet dans le système d'information) ;
- Pilotage (gestion des ressources, planning, suivi, qualité, *reporting*, visibilité) ;
- Ingénierie de l'application (gestion des exigences, conception-développement, validation des livrables) ;
- Conduite du changement (impacts organisationnels et déploiement).

Les méthodes Agiles sont dotées d'un tronc de pratiques communes. Seules des techniques complémentaires entre elles ou mieux adaptées à des typologies et à des tailles de projets spécifiques les différencient.

PUMA a répertorié les pratiques communes et les pratiques différenciatrices et propose la méthode optimale en fonction d'un type de projet.

Certaines pratiques sont liées aux **modes de collaboration** :

- participation de l'utilisateur final aux groupes de travail,
- groupes de travail disposant du pouvoir de décision,
- autonomie et organisation centralisée de l'équipe,
- spécification et validation permanente des Exigences.

D'autres pratiques sont propres au **pilotage du projet** :

- niveau méthodologique variable en fonction des enjeux,
- pilotage par les enjeux et les risques,
- planification stratégique basée sur des itérations rapides,
- réalisation en jalons par prototypage actif itératif et incrémental,
- recherche continue d'amélioration des pratiques.

Enfin, des techniques spécifiques régissent la **qualité du code** :

- recherche d'excellence technique de la conception,
- vision graphique d'une modélisation nécessaire et suffisante,
- vision de la documentation nécessaire et suffisante,
- normes et techniques raisonnables de qualité du code,
- architecture à base de composants,
- gestion des changements automatisée.

La conduite de projet PUMA utilise l'intégralité ou une sélection des pratiques communes auxquelles il convient d'ajouter la ou les pratiques spécifiques judicieuses en fonction du contexte.

Ces aspects s'inscrivent obligatoirement dans un niveau variable de service méthodologique.

L'ensemble des modèles et techniques évoqués pouvant sembler complexe, ***PUMA Essentiel*** propose une mise en œuvre simplifiée basée sur 4 groupes fédérant 16 pratiques reconnues comme les plus efficientes de l'Agilité.

Note : ce rappel du chapitre PUMA Essentiel est volontaire.

Le Modèle Dynamique d'Entreprise

Structure, performance globale et Lean management

Le Modèle Dynamique d'Entreprise

Orientation « service » et processus « métier »

L'entreprise performante est « orientée services ». La source de son action se situe dans le tracking des exigences « client ». Ses moyens sont la performance et la qualité de ses processus. La notion d'Agilité s'attache, quant à elle, à un ensemble de valeurs optimisant la mise en œuvre des composants de cette ambition.

Pour être Agile, l'entreprise doit maîtriser en continu les dynamiques d'évolution du processus métier, des ressources humaines et du système d'information. L'Agilité à ce niveau nécessite une projection dans le futur qui doit être instrumentée par des techniques formelles comme l'anticipation rationnelle.

Note : cette recherche, instrumentée par une pratique PUMA, permet d'appréhender la dimension des évolutions technologiques ou fonctionnelles en émergence et leurs impacts prévisibles sur les composants de l'organisation.

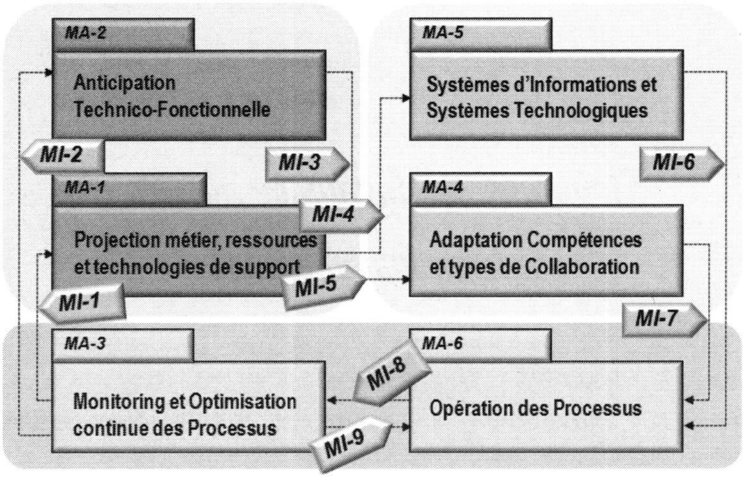

Figure 66. — Modèle d'Entreprise Agile

Afin de répondre à l'ensemble de cette problématique, PUMA propose un modèle (ou une architecture) réellement global d'Entreprise Agile (Figure 66). Cet outil organisationnel offre ainsi une réponse formalisée et justifiée à la question : « En fonction de quoi et comment devons-nous changer le processus, le SI ainsi que les compétences de nos ressources humaines ? »

Note : des modèles d'amélioration de la productivité comme le TPS (Toyota Production System) ont fait leurs preuves mais s'ils prennent bien en compte les aspects humains de la productivité et intègrent l'impact des nouvelles technologies, ils ne sont pas utilisables en l'état dans un contexte spécifique de développement applicatif.

Les vecteurs de la dynamique d'entreprise

Une organisation est fonctionnellement Agile lorsque ses composants opérationnels (ressources humaines, processus opérationnels, systèmes d'informations et technologiques) collaborent en synergie (formalisée et outillée) à anticiper ou capter le changement aux fins de le compenser dynamiquement, puis de l'intégrer. L'entreprise Agile est donc une communauté qui régule ses processus en continu.

Selon le Gartner Group, l'entreprise Agile doit être « temps réel, orientée services et pilotée par les événements ». D'ici 2012 ce cabinet de prospective prédit que 50% des DSI seront devenues des prestataires de services business, alors qu'elles n'étaient que 5% dans ce cas en 2004. Pour ce faire, les directions informatiques doivent se départir de leur rôle de fournisseur de ressources technologiques pour se concentrer sur les fondamentaux de l'activité d'une entreprise : l'information, les processus et les échanges.

Dernier point, et cela constitue un avertissement primordial, si la notion d' « Architecture d'Entreprise » est un élément déterminant de l'Agilité, il doit cependant être compris que la motivation rationnelle des ressources humaines est absolument indispensable à l'atteinte concrète de cet objectif. Offrir des outils d'amélioration progressive des modes et des techniques de collaboration, voilà l'ambition concrète de PUMA.

Orientation service et processus métier

Appréhender l'architecture de l'entreprise sur la base d'une modélisation formelle est un préalable indispensable à toute forme d'action dans le domaine des processus. Par contre, il est vain d'en chercher la clé d'évolution dans une approche axée sur la structure du SI. La réponse n'est pas dans la structure mais dans la **dynamique du processus**. Plus précisément dans une double dynamique :

- la première, au présent, est une réaction immédiate d'adaptation opérationnelle du processus ;

- la seconde, au futur immédiat, est une anticipation rationnelle des évolutions technologiques et fonctionnelles.

La première préoccupation de l'entreprise Agile est une modélisation stratégique des exigences « client ». Cette formalisation inclut l'état, au présent et au futur immédiat, des solutions technologiques susceptibles d'apporter une réponse opérationnelle.

La seconde préoccupation de l'entreprise Agile consiste en une modélisation métier. Cette technique permet à l'organisation de formaliser les processus devant supporter ses missions. C'est seulement ensuite qu'apparaît la notion d'architecture technique, qui s'applique à un système informatique ou à un système industriel de production.

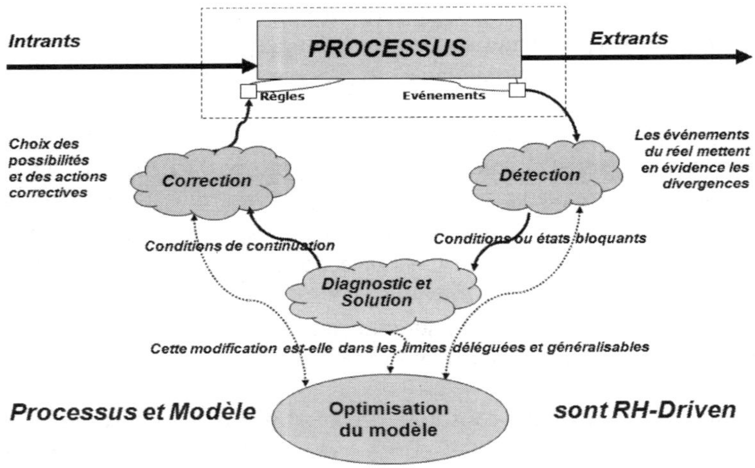

Figure 67. — Gartner Architecture for Real Time Reactive Change

Espace d'action et aspect temporel

L'Entreprise Agile doit conjuguer opérationnellement les tensions créées par les divergences entre un présent de contraintes, un passé de structures et un futur d'émergences.

Dans une réponse simple et exhaustive, PUMA concrétise l'espace d'actions où s'expriment, se gèrent et s'anticipent ces multiples tensions (Figure 66). Le modèle comprend aussi 9 interactions dont la présence confère dynamisme et Agilité à l'ensemble.

Dans cette approche, la dynamique d'évolution de l'entreprise se structure en 6 domaines (que l'on peut nommer sous-modèles ou modules selon la perspective recherchée). Cet ensemble améliore et surtout détaille la structure de référence « *Gartner Architecture for Real Time Reactive Change* » (Figure 67).

Une dynamique d'ensemble

Voici une explication sommaire qui permet de comprendre les 9 interactions qui dynamisent les 6 domaines.

Le circuit débute au cœur même du métier par l'activité du module MA-6 (Opération des Processus). Les processus peuvent être manuels ou automatisés comme industriels ou administratifs. Tant qu'aucun problème n'intervient, les processus s'exécutent en l'état. Les processus sont contrôlés par un module MA-3 (Modèle de Monitoring et d'Optimisation continue des Processus). Les contrôles peuvent être manuels ou automatisés (BAM).

Dans le cas d'un incident imprévu (erreur de machine, bug informatique, demande inattendue d'un client), les employés disposent dans un premier temps d'une autonomie d'action dans la résolution du dysfonctionnement (par exemple, traitement exceptionnel du cas afin de satisfaire le client).

Dans un deuxième temps, la problématique est remontée. Dans le cas d'un bug informatique, par exemple, ce sera vers MA-1 (Modèle de Projection du métier, des ressources et des technologies de support) pour une action de maintenance corrective. Dans un autre cas, prenons l'exemple d'une nouvelle demande d'un client, vers MA-2 (Modèle d'Anticipation Technico-Fonctionnelle) où sera étudiée la possibilité que le problème pour l'instant isolé corresponde au symptôme d'émergence d'un nouveau besoin.

Après analyse, le traitement du signal pourra consister en une simple action de maintenance adaptative par MA-1 (Modèle de Projection du métier, des ressources et des technologies de support) ou en une étude prospective qui donnera peut-être lieu plus tard au développement de nouveaux outils ou de nouveaux processus (toujours par MA-1), puis à l'organisation de leur déploiement par MA-5 (Modèle des Systèmes d'Informations et des systèmes technologiques) ainsi qu'à la préparation des ressources humaines à leur usage par MA-4 (Modèle d'Adaptation des compétences et Types de collaboration).

Une fois ces nouveaux outils et leurs opérateurs opérationnels, ils seront alors mis en œuvre dans le module MA-6 (Opération des Processus). Ainsi l'itération sera achevée.

C'est bien évidemment l'organisation de la mise en œuvre de cette Architecture qui lui confère son Agilité. Cela implique donc autant un engagement autonome et rationnellement motivé des ressources humaines, que la formalisation des processus ou la capacité de l'entreprise à réaliser ses projets. C'est aussi la qualité des outils de communication qui permet aux interactions de se qualifier d'Agiles.

Voici maintenant, dans un premier niveau de détail, les 6 domaines d'actions ainsi que les 9 interactions qui les dynamisent.

Synthèse des 6 domaines d'Actions

MA-1 - Modèle de Projection du métier, des ressources et des technologies de support

Ce domaine a pour mission de construire le système d'opération futur. Il intègre les informations de tendances et les divergences en provenance des modèles « *Anticipation Technico-Fonctionnelle* » et « *Monitoring et Optimisation continue des Processus* » afin de structurer l'évolution future de l'entreprise en termes de **trajectoires de convergence** s'appliquant aux :

- processus opérationnels,
- compétences des ressources humaines,
- architectures technologiques et de systèmes d'informations.

C'est dans ce domaine que se situent les projets de l'entreprise. Ils intègrent les concepts et les pratiques du Modèle Agile de Solution et du Moteur Agile de Projet.

MA-2 - Modèle d'Anticipation Technico-Fonctionnelle

Ce domaine se base sur une approche prospective et a pour missions principales :

- d'appréhender quelles exigences client ou quelles technologies émergentes sont susceptibles, dans un futur immédiat, d'avoir un impact sur l'entreprise ;
- d'alimenter de ces informations le domaine « Projection métier, ressources et technologies de support ».

Note : la prospective envisage des avenirs possibles. Alors qu'à travers une projection linéaire de veille technologique classique il est recherché la prédiction d'une évolution particulière, la prospective étudie plusieurs scénarios de probabilités différentes et leurs éventuelles interactions.

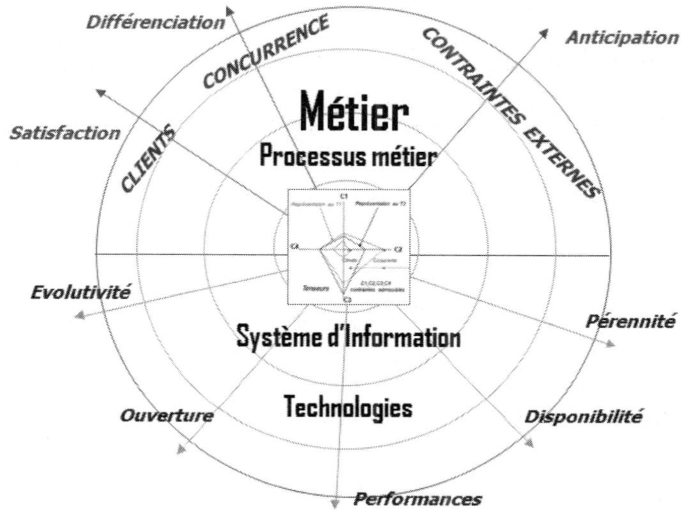

Figure 68. — Vecteurs de l'anticipation rationnelle

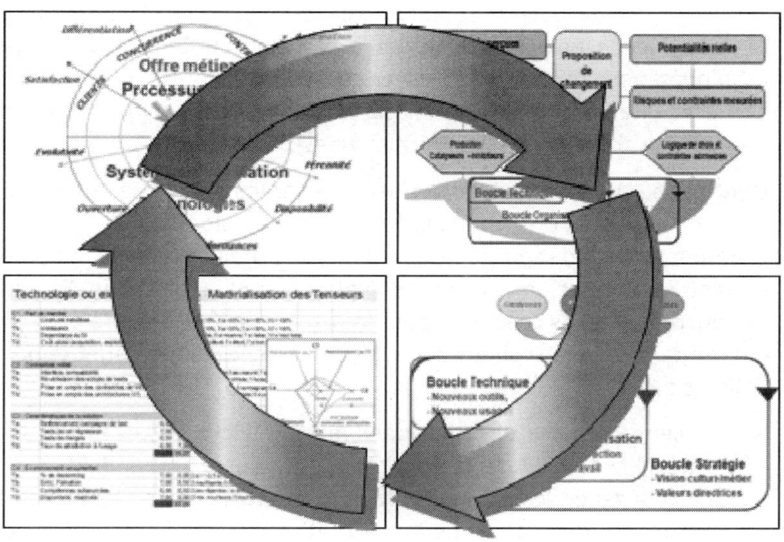

Figure 69. — Synthèse des outils d'anticipation rationnelle

Cette approche (Figure 69) offre une présentation plus riche et complexe des risques et des opportunités à venir. La prospective permet ainsi de mieux faire face aux incertitudes de l'avenir en envisageant des hypothèses moins conventionnelles.

MA-3 - Modèle de Monitoring et d'Optimisation continue des Processus

Ce domaine se compose des structures organisationnelles et des moyens permettant de mesurer les composantes de la performance et de détecter les éventuelles divergences entre les processus et la réalité des opérations. Ces structures organisationnelles ont deux missions principales :

- améliorer ou corriger les processus,
- alimenter de ces informations le domaine « Projection métier, ressources et technologies de support ».

Des outils spécialisés dans le *workflow* de suivi des anomalies instrumentent et accélèrent la remontée et le traitement des incidents. Pour les aspects organisationnels relevant de l'implication des ressources humaines, deux solutions relativement similaires sont proposées.

- La première découle directement de l'approche Lean et reprend les principes de TPS (*Thinking Production System*) qui sont exposés dans les paragraphes suivants.
- La seconde découle du courant de pensée Agile, c'est l'Optimisation continue de processus (l'auteur a participé au Canada à ce type d'opérations qui se sont révélées comme des succès tant en termes de résultats opérationnels mesurés qu'en termes d'implication et de motivation des ressources humaines).

L'entreprise Agile se doit de vérifier régulièrement que ses processus sont en adéquation optimale avec ses missions. L'Optimisation continue offre une réponse progressive aux pressions de l'évolution et permet d'optimiser en douceur les pratiques de l'organisation. Sa mise en œuvre est moins coercitive pour les RH que le TPS. Si cette pratique emprunte des voies simples et efficaces, elles sont sérieusement balisées :

- Engagement de la direction dans le projet, présenté comme une stratégie vitale. Affectation d'une ressource répondant à la direction générale et disposant de moyens logistiques. Organisation d'un groupe de pilotage de l'amélioration doté de la responsabilité des décisions globales en termes de coûts, de bénéfices et de délais de réalisation des actions.
- Effort de continuité dans l'action collective menée par des équipes de ressources opérationnelles. Coordonnée par le groupe de pilotage, la mission d'une équipe est de rechercher les possibilités d'amélioration d'un processus. L'équipe propose formellement un

diagnostic et des solutions. Une fois engagée, l'opération reste sous le contrôle quantitatif et qualitatif de l'équipe, qui est dissoute suivant des règles d'atteinte.

Pour comprendre la puissance de cette pratique incontournable, il faut avoir conscience que les systèmes organisationnels d'aujourd'hui sont complexes. Pour les maîtriser et les simplifier, il est devenu indispensable d'utiliser le pouvoir de l'intelligence collective qui est en ce sens un puissant moyen d'obtention d'avantages concurrentiels au meilleur coût.

L'Optimisation continue tire sa force de la connaissance pratique des employés dont la participation à une recherche systématique d'améliorations est rationnellement suscitée. Bien déployée, cette technique optimise tous les secteurs de l'entreprise. Dans cette quête de productivité, lorsque les règles sont réellement et complètement implémentées, l'organisation dispose d'un fantastique outil de résolution de la « complexité de détails ». La détection et la résolution des problèmes peuvent alors s'appliquer à une multitude de dysfonctionnements mineurs qui échappent généralement aux échelons supérieurs compte tenu de leur faible visibilité.

Ainsi, l'entreprise Agile maîtrise en continu la complexité d'un environnement mouvant, en traitant, dès leur détection, les évolutions émergentes.

MA-4 - Modèle d'Adaptation des Compétences et types de Collaboration

Ce domaine couvre la mise en œuvre d'un cadre d'Agilité en termes de formation et de communication offrant aux ressources humaines :

- l'amélioration de leur compétence,
- les conditions de leur motivation,
- l'appropriation d'une intelligence collective.

La première réponse attendue de cette nouvelle gestion des engagements est une implication collective. Il s'agit d'ajouter au savoir-faire conventionnel la possibilité rationnelle d'adaptation du couple « organisation / employé », qui permettra la mutation d'une entreprise organisée en entreprise Agile.

Ce cadre conduit aux conditions nécessaires à la mission du domaine « Monitoring et Optimisation continue des Processus » où résident les principaux gisements en termes de gains de compétitivité.

MA-5 - Modèle des Systèmes d'Informations et des systèmes technologiques

Ce domaine couvre le déploiement, l'opération et le contrôle des systèmes d'information et des systèmes technologiques (comprenant classiquement les nouvelles technologies d'informatique et de communication (NTIC), l'informatique industrielle et l'usage des autres formes d'automatisation des processus).

MA-6 - Modèle d'Opération des Processus

Ce domaine couvre essentiellement les règles applicables aux opérations composant les processus actuels et la structure responsable de leur exécution. Ces processus peuvent être supportés par des systèmes automatisés (domaine « Systèmes d'Informations et Technologiques ») ou être opérés manuellement.

Contrairement aux idées reçues, la notion de processus n'est pas antagoniste à celle d'Agilité. Bien au contraire, c'est la maîtrise formalisée de la connaissance de ses ressources humaines et des séquences d'activité qui régissent sa production, qui permet à une entreprise de progresser dans l'Agilité en les améliorant ensuite. De la maîtrise des processus découle la maîtrise de la qualité des produits et des services issus de ces processus. Cette qualité mesurable est une caractéristique démontrée de la réussite économique des entreprises et de la performance des organisations.

L'Entreprise Agile doit à l'occasion de contraintes ou d'opportunités émergentes se doter de nouveaux processus et de nouveaux outils (applicatifs ou industriels). La Configuration ou Reconfiguration de processus répond à cette exigence. Cette opération consiste à modéliser les missions à accomplir puis à obtenir la solution la plus performante permettant de l'instrumenter.

Le nom de l'opération ne change rien au principe et au fait qu'il est improductif et coûteux de pérenniser dans une nouvelle application des processus inefficients ou devenus obsolètes. Plus drastique que l'Optimisation continue, l'opération de Configuration de processus est de plus en plus souvent assimilée à du *Business Process Management.*

La Configuration de processus a les ambitions suivantes :

- rationaliser et formaliser les objectifs en termes de fonctionnalités et de contraintes,
- externaliser les processus n'appartenant pas au cœur du métier,

- fluidifier les flux en réduisant à l'optimal les implications transverses et les ruptures liées à la responsabilité de leurs propriétés (on rejoint ici la préoccupation principale de la modélisation objet),
- optimiser les processus en automatisant au maximum les prises de décisions les concernant,
- flexibiliser le futur des opérations en anticipant l'impact des variations d'activité,
- développer des relations de type client-fournisseur, basées sur la notion de « valeur ajoutée » à appliquer aux services internes,
- favoriser la diffusion automatique des informations et le partage de la connaissance par l'usage d'applications de *workflow et* de *groupware,*
- prévoir et mettre en œuvre des actions d'accompagnement opérationnel du changement.

Une action de Configuration ou de BPM implique donc, comme l'Optimisation continue, l'intervention de l'ensemble de la pyramide décisionnelle :

- le dirigeant, pour définir la stratégie de l'organisation,
- l'organisateur, pour structurer le processus métier,
- le cadre opérationnel, pour agir sur l'organisation,
- l'informaticien, pour déterminer les technologies adaptées,
- les utilisateurs pour valider l'efficience concrète de la solution.

Synthèse des 9 Modèles d'Interaction

Interaction-1 – Remontée de tous les incidents fonctionnels ou techniques constatés lors de l'opération du processus. Ce flux est dirigé vers les ressources responsables de la maintenance corrective des systèmes informatiques et des systèmes d'information à des fins de prise en compte immédiate. Instrumentation recommandée par un workflow léger de type « correction d'anomalies ».

Interaction-2 – Remontée des divergences fonctionnelles émergentes entre les conditions prévues et les conditions réelles d'opération du processus incluant l'évolution volumétrique. Ce flux est dirigé vers les ressources responsables de l'anticipation de l'évolution des systèmes informatiques et des systèmes d'information. Instrumentation recommandée dans l'espace coopératif dédié au pilotage de l'Anticipation rationnelle.

Interaction-3 – Transfert par le module d'Anticipation rationnelle des informations validées comme étant représentatives d'une tendance technico-fonctionnelle à prendre en compte dans l'élaboration des futurs systèmes d'informations. Le support de ce flux peut être un simple avertissement par mail reportant à une information rendue disponible sur l'espace coopératif dédié au pilotage de l'Anticipation rationnelle.

Interaction-4 – Conduite du changement et transfert, dès leur matérialisation, des informations concernant les compétences opérationnelles qui seront liées à la mise en opération du nouveau système de production. Ce flux est matérialisé par des « fiches de poste ».

Interaction-5 – Transfert dès la fin du Cadrage des informations d'architecture et de contraintes d'exploitation afin d'initier la mise à niveau des systèmes informatiques. Transfert des éléments applicatifs de la solution pour tests d'intégration à chaque release (*Show*). Ce flux est matérialisé par la partie technique du dossier de Cadrage.

Interaction-6 – Transition technique et mise en opération de la nouvelle version du processus.

Interaction-7 – Transition des directives organisationnelles liées aux opérations du nouveau processus. Ce flux, aboutissement d'un programme de formation, est matérialisé par un changement de consigne.

Interaction-8 – Remontée en temps réel des incidents et divergences d'opérations vers le module d'optimisation continue du processus aux fins de formaliser un correctif immédiat, puis d'initialiser une procédure de maintenance corrective ou évolutive. Ce flux est matérialisé par un *workflow* documentaire de type « Test » et/ou un système de monitoring automatisé.

Interaction-9 – Directives de correction immédiate de la partie manuelle du processus si elle est concernée ou de contournement temporaire du processus automatisé. Ce flux est matérialisé par un correctif de consigne d'opération et conduit éventuellement à l'affectation de nouvelles ressources.

La mise en œuvre de l'architecture d'entreprise Agile et plus particulièrement des « interactions », s'appuie largement sur les outils existants d'EIM (*Enterprise Information Management*) et les concepts d'EPM (*Enterprise Performance Management*).

Gouvernance Ultra Light

Les fonctionnalités des 6 modules et des 9 interactions offrent naturellement une couverture proche des principes de Gouvernance informatique, mais élargie à toute l'entreprise (aspects financiers et sécurité exclus).

Cette vision simplifiée conviendra aux organisations ne voulant pas initier des contrôles lourds et complexes tout en souhaitant une vision claire et une maîtrise raisonnable de leurs processus.

Alors que les normes précisent ce dont l'entreprise a besoin, mais pas comment l'obtenir, le système d'action « PUMA Gouvernance Ultra Light » comporte ces deux aspects.

Le *Lean* management

L'Architecture d'Entreprise Agile ayant pour objectif d'être représentative de l'ensemble des préoccupations de toutes les formes d'organisation, il n'était pas possible de faire l'impasse sur le *Lean* ou TPS (*Thinking Production System*) dont l'intérêt dans l'optimisation des processus industriels (*The Toyota way*) n'est plus à démontrer.

L'école de pensée ***Lean*** (traduire opérationnellement par « entreprise flexible ») lie la performance (productivité, qualité) à la souplesse organisationnelle. L'organisation *Lean* doit être capable de reconfigurer en permanence l'ensemble de ses processus (réactivité industrielle). Les tenants du *Lean* recherchent la performance par l'amélioration continue et l'amélioration continue par l'élimination des gaspillages (*muda* en japonais, dont il existe sept catégories : productions excessives, attentes, transports et manutentions inutiles, tâches inutiles, stocks, mouvements inutiles et productions défectueuses). Le Lean management s'appuie sur quatre niveaux de remises en question :

- une redéfinition de la valeur produite,
- le développement d'un schéma productif caractéristique,
- le développement d'attitudes managériales originales,
- la formulation d'une stratégie à long terme.

Les principes de l'Agilité sont identiques sur le fond, mais pas systématiquement sur les formes de mise en œuvre.

Les principes du TPS sont : l'autonomation, le *just-in-time*, le travail en « *team* », le management « *by stress* », la flexibilité du travailleur, la sous-traitance et le management participatif. Dans l'ensemble, ils représentent une majorité de concepts pouvant être qualifiés d'Agiles. Les paragraphes suivants font une synthèse rapide des concepts. Il doit néanmoins s'imposer à l'esprit du lecteur que l'apparente simplicité de cette liste dissimule la réelle difficulté de mise en œuvre opérationnelle de ces concepts dans la réalité d'une entreprise européenne. Par contre, l'équipe Agile qui lira ces lignes se dira certainement : « pas grand-chose de plus que notre XP ».

L'autonomation

C'est la capacité d'une équipe à s'arrêter dès qu'elle rencontre un problème. L'autonomation (contraction d'automation et d'autonome) repose sur le souci de faire des employés des individus autonomes et responsables, capables de tirer le meilleur parti des outils et des méthodes.

Le TPS à l'instar de l'Agilité s'applique à transformer les employés en « travailleurs multifonctionnels » polyvalents et relativement autonomes. Parallèlement, le TPS développe l'esprit de coopération et de concertation dans le cadre d'opérations de recherche d'amélioration des processus.

Le système* kanban *ou « juste-à-temps »

Kanban est le terme qui désigne le principe de la production en flux tendus. L'idée est de réduire les stocks au minimum (si ce n'est de les supprimer). En pratique, c'est la mise en œuvre d'un astucieux, autant que simple, système de cartes, associé aux éléments de production en cours d'utilisation (ou en rayon), qui détermine visuellement l'ordonnancement des activités à engager en fonction de la demande réelle (Radiateur d'informations, *Backlog*, planification des itérations).

Le travail en équipe autonome

La productivité classique est calculée sur la base de la performance individuelle. Ce type de rationalisation atteint rapidement ses limites dans les environnements complexes. C'est pourquoi TPS détermine une productivité de groupe où les recherches de rationalisation portent sur la ressource globale de l'équipe (*Teamwork*).

Le management « by stress »

Avec le TPS la pression n'est plus extériorisée par le contrôle hiérarchique, mais intériorisée par la responsabilité collective. Généralement, des ressources insuffisantes sont allouées aux groupes pour réaliser leurs objectifs. La chasse aux "temps morts" devient ainsi la règle. De plus, la pression collective impose à chaque membre de faire son maximum afin de ne pas pénaliser son équipe.

La flexibilité du travailleur

La production doit être adaptée en permanence en fonction de la variation de la demande. L'employé doit pouvoir effectuer différentes tâches, cette capacité est obtenue par la rotation des postes. Sa polyvalence permettra de l'affecter à plusieurs fonctions en relation avec la demande.

La pyramide de sous-traitance

Un des leviers principaux du TPS est la sous-traitance qui peut offrir des conditions de production plus favorables. Ce point est trop large pour être traité ici.

Le management participatif

Les employés sont encouragés à proposer des suggestions pour améliorer la qualité de la productivité. Un système de promotion interne récompense les résultats. Avec cette forme d'engagement, l'employé devient en quelque sorte son propre manager, responsable collectivement de la bonne production de son équipe, intéressé à ses objectifs et à leur défense.

Le TPS appliqué au développement de SI

Le couplage des principes du TPS avec une méthode Agile permet de sécuriser un développement, qu'il soit local, distribué, *nearshore* ou *offshore*. Le texte suivant a pour origine une communication intitulée *Agile Offshoring : It's hard work but it works!*, écrite par Vikas Hazrati, en mai 2007. Composé initialement de 14 points, le principe s'appliquait plus précisément au contexte *offshore.*

1 - Définir une vision long terme

Même s'il est possible de mettre en œuvre certaines *best practices* isolées, il n'est cependant pas possible d'obtenir une forme réelle d'Agilité organisationnelle sans qu'elle s'inscrive dans une approche globale approuvée par les dirigeants.

2 - Créer les conditions d'un feed-back immédiat des problèmes

L'Agilité offre une autonomie minimale aux équipes de développement. En contrepartie, elle nécessite de s'appuyer sur des échanges accentués avec les utilisateurs. À ce sujet, disposer de moyens dédiés de vidéo-conférence est le prérequis d'un développement multisites. Dans le cas d'*offshore,* le modèle d'organisation préconisé implique l'échange d'Ambassadeurs d'un site à l'autre (notion de rôle dans certaines méthodes Agiles).

3 - Dynamique applicative orientée simplicité et valeur ajoutée

Le principe de formalisation des exigences se caractérise par une dynamique applicative totalement « *user-driven* ». L'orientation primordiale recherchée est l'accroissement de la valeur. Compte tenu des validations à distance, les itérations sont réduites au plus court. Les temps morts entre itérations sont alors consacrés au *Refactoring*, à la recherche d'amélioration de la qualité technique des livrables et de la performance du processus.

4 - Identification des facteurs de ralentissement

Le TPS dans sa vision industrielle a pour objectif de réduire au niveau des processus détaillés les :

- *muda* (multiples gaspillages, *waste*),
- *muri* (facteurs de ralentissement, *overburdeninge*),
- *mura* (défauts d'homogénéité, *unevenness*).

Un projet de développement informatique peut assimiler à ces trois types de dysfonctionnements les pratiques suivantes :

- fonctionnalités non justifiées ou mal priorisées,
- absence d'homogénéité dans les niveaux de préoccupation des développeurs et des clients,
- problèmes techniques non détectés par les tests ainsi que divergences applicatives non remarquées immédiatement par le client.

5 - Développer une culture de stop and go techniques

Comme le TPS le propose, il faut développer une culture de contrôle permanent et stopper immédiatement toute pratique ou choix technique pouvant affecter la qualité des livrables. Pour ce faire, il est nécessaire que la communication soit effective et transparente. Dès qu'un problème est détecté, une réunion brainstorming est organisée pour trouver la solution adéquate. Exemple (selon les principes du *Kanban*), si les développeurs ont produit un nombre de fonctionnalités tel que les tests ne suivent plus, le développement de nouvelles fonctionnalités est stoppé et les ressources se consacrent à l'amélioration technique de la production existante (*Refactoring*) et au perfectionnement du processus.

6 - Standardisation des techniques de développement

En matière de développement d'application, la standardisation du codage représente la base de l'amélioration continue des pratiques (information et formation actives).

7 - Mise en œuvre de repères et de contrôles visuels

Le principal leitmotiv d'une démarche Agile est : « tout doit être visible et transparent » aussi bien entre les développeurs qu'avec les clients. Cette visibilité nécessite des outils de communication NTIC (portail de projet, wiki, blog, etc.) mais aussi des techniques visuelles impliquant l'usage maximal des murs. Ainsi seront exposées les exigences (*Product baklog* de *Scrum*) sous diverses formes (*Use case, user Stories*) et sur les supports les plus appropriés (CRC carte, Diagramme UML, etc.). L'ensemble correspond à ce qu'il serait possible de qualifier de « cockpit de projet ».

8 - Laisser le choix des aspects techniques aux équipes

Un vrai *Lean* management de projet s'appuie sur deux fondements :

- Il accorde le maximum de responsabilités à la collectivité des exécutants ;
- Il met en œuvre des pratiques de détection permanente des éventuels défauts.

Les hommes sont la clé de l'Agilité (et du *Lean*), l'équipe est le meilleur juge de l'intérêt des outils et doit pouvoir déterminer quelles évolutions permettront d'améliorer le processus.

9 - Former en interne les futurs leaders d'équipes

Les leaders doivent être choisis dans les équipes et par les équipes.

10 - Placer les exécutants en condition d'associé

Tous les membres d'une équipe doivent devenir les associés d'une réussite rationnellement récompensée. Pour cela, il faut :

- Créer les conditions matérielles d'une compétence, d'une motivation exceptionnelles et d'une confiance absolue de l'équipe en sa mission ;

- Créer les conditions du libre développement d'une culture de la communication non biaisée au sujet des problèmes, des solutions ou des alternatives.

11 - Développer une culture partenariale gagnant-gagnant

Dans le cas de recours à la sous-traitance, développer une politique gagnant-gagnant. Dans le cas de recours à des ressources extérieures, développer une politique d'intégration à l'identique des ressources internes.

12 - Participer physiquement

Pour comprendre une situation et la maîtriser, il faut l'intégrer et, pour ce faire, participer au développement. Les équipes Agiles ne sont pas menées par des chefs mais par des leaders.

13 - Rechercher systématiquement les solutions « de pointe »

En préalable à toutes les actions de développement, il faut étudier les alternatives d'acquisition de tout ou partie de la solution.

14 - Devenez une organisation apprenante

Au niveau supérieur de son engagement, votre organisation d'équipe s'améliore constamment. Vous avez atteint un état de qualité et de productivité supérieur aux rêves de CMM *level* 5. Vous devez donc maintenir ce niveau en devenant une organisation apprenante (pouvant être qualifiée aussi d'entreprise intelligente).

Au final

La métaphore du Lean ou de TPS convient à la perfection au cas du développement. Le principe doit simplement être adapté et même, pourquoi pas, amélioré. L'important est de penser Agile et TPS en même temps et d'adopter le meilleur des deux mondes sans en diluer les valeurs. L'Agilité se présente alors comme un mouvement organisationnel, tout à la fois sociologique, technologique et industriel, tendant vers une amélioration continue de la performance. Pour le personnel de réalisation, principal acteur de cette recherche, la collaboration doit être rationnellement motivée par un échange gagnant-gagnant. Pour le cadre, l'Agilité consiste en une évolution radicale de sa culture managériale vers un rôle de *coach.* Pour le dirigeant, au-delà du défi du changement, l'Agilité offre une réponse en adéquation avec les nouvelles contraintes économiques imposées par un monde ouvert.

PUMA s'affirme alors comme le guide de mise en œuvre de l'Agilité globale et offre enfin une réponse à la question « En fonction de quoi et comment devons-nous changer le processus, le SI, ainsi que les compétences des ressources humaines ? »

L'aspect Gouvernance

L'addition des fonctionnalités couvertes par les 6 modules et les 9 interactions composant l'Architecture d'Entreprise Agile offre naturellement une couverture relativement similaire (mais allégée) des principes de Gouvernance classiques. Les actions standards de responsabilités (planifier, mettre en place, faire fonctionner et surveiller) sont pragmatiquement abordées.

De plus, Puma déborde le cadre SI pour englober toute la problématique « entreprise » mais ne couvre pas directement les aspects financiers et la sécurité.

Sous un autre angle, les normes précisent ce dont l'entreprise a besoin mais pas comment l'obtenir, alors que le système d'action PUMA détermine les deux aspects.

PUMA serait donc une forme de *Gouvernance Ultra Light* dont la vision simplifiée conviendra aux organisations qui ne pourraient pas, ou ne voudraient pas, initier des contrôles complexes et lourds tout en souhaitant une maîtrise raisonnable de leurs processus.

Défis et opportunités des sociétés apprenantes

La mondialisation est certainement la plus récente tentative d'élever vers l'humanisme des individus prisonniers de leurs frontières et de leurs limites. Par contre, et il est nécessaire de comprendre ce mouvement pour agir afin de ne pas devenir les grands perdants de cette évolution. La mondialisation après avoir bousculé des frontières, balaiera des entreprises, des hommes, des nations et peut-être même ce que nous considérons comme des civilisations.

Lors de la révolution industrielle, le cartésianisme avait trouvé un aboutissement mécanique dans la vision taylorienne d'une parcellisation extrême des opérations de production. Il n'est pas injuste d'écrire que Taylor avait contraint les hommes à s'adapter aux organisations.

Dans une vision globale, donc holistique, d'un monde complexe en évolution accélérée, les organisations sont appelées naturellement à muter ou à disparaître. Les hommes devront leur survivre.

Confrontées à ce défi, les sociétés industrielles dans une réponse globale facilitent l'émergence d'un courant organisationnel nouveau : l'Agilité.

Basée sur la généralisation des diverses formes de l'intelligence collective, l'Agilité révolutionnera le cadre actuel de l'expression managériale, syndicale, et plus généralement de l'engagement de collaborateurs confrontés à la survie ou à la disparition de leurs emplois. Ces partenaires de la nouvelle entreprise, instruits et formés, conscients des enjeux d'un monde en évolution, s'automotiveront pour assurer la performance et la pérennité d'un outil dont ils pourraient bien devenir, toujours pour partie, mais cette fois-ci concrètement, les propriétaires.

En résumé, le nouveau paradigme organisationnel du futur immédiat est l'agilité. L'Agilité imposera aux organisations de s'adapter aux hommes qui les composeront. L'homme changera dans sa relation avec la structure l'employant, mais il comprendra la raison de son évolution et en sera l'acteur.

Des structures Agiles pour un futur mouvant

Dans la tentative de simplification de nos sociétés complexes, il faut se garder de tomber dans le biais des comparaisons faciles et réductrices. Pourtant, s'il fallait prendre pour exemple un secteur d'activité où le changement incessant atteint son paroxysme, c'est sans conteste le domaine de l'informatique qu'il serait pertinent de choisir. L'observation de la fabrication des composants de nos ordinateurs et ensuite de leur assemblage permet d'appréhender concrètement l'importance de l'Agilité et de l'industrialisation lorsque ces deux aspects doivent trouver une application simultanée.

Sur le plan didactique, tout dirigeant devrait monter lui-même son ordinateur après en avoir acheté les pièces. Cette opération lui permettrait de se projeter naturellement dans l'état l'esprit que doit avoir un chef d'entreprise Agile. Ou tout au moins, dans la vision tactique du niveau de standardisation que sa propre production de biens ou de services devrait offrir pour pouvoir être qualifiée d'Agile. Evidemment, il serait noté au passage que l'origine de la plupart des composants utilisés n'était pas française, ni même européenne. Faut-il pour autant en abandonner ses propres missions ? Bien évidemment non. L'important dans cette métaphore reste la notion d'éléments fiables et standards permettant d'assurer au bout du compte l'assemblage d'une machine pouvant être réellement très personnalisée, sous peu que l'exigence de départ ait été un souci de différenciation.

Ainsi, comme le souligne Jean-Marc Blancherie dans Veille Magazine « L'entreprise non plus mécaniste, mais biologique, immergée dans le virtuel, se développe seulement dans un contexte favorable aux échanges et au partage, et remet en question les représentations et pratiques organisationnelles traditionnelles, dans un mouvement de plus en plus soutenu de destruction-création, une logique systémique de désorganisation compétitive. »

Cet exemple nous a plongés au cœur du *high-tech / high-touch*. Que cela concerne des biens ou des services, la métaphore de l'ordinateur peut en effet s'appliquer à tout type d'unité opérationnelle. Elle représente une vision tactique de l'excellence opérationnelle.

Lorsque la première architecture d'entreprise Agile a été définie et publiée sur le site de l'*Agile Alliance* par Jean-Pierre Vickoff, sa puissante simplicité la fit classer au rang d'une vision opérationnelle de la production de biens ou de services. Pour compléter cette vision tactique, une vision stratégique de l'Agilité se devait d'être formalisée. L'agilité stratégique fut alors définie comme un modèle instrumentant une mission portée par une vision différenciatrice. La mise en œuvre concrète reposant sur une composition d'éléments d'architecture tactique opérés dans un cadre standard de production.

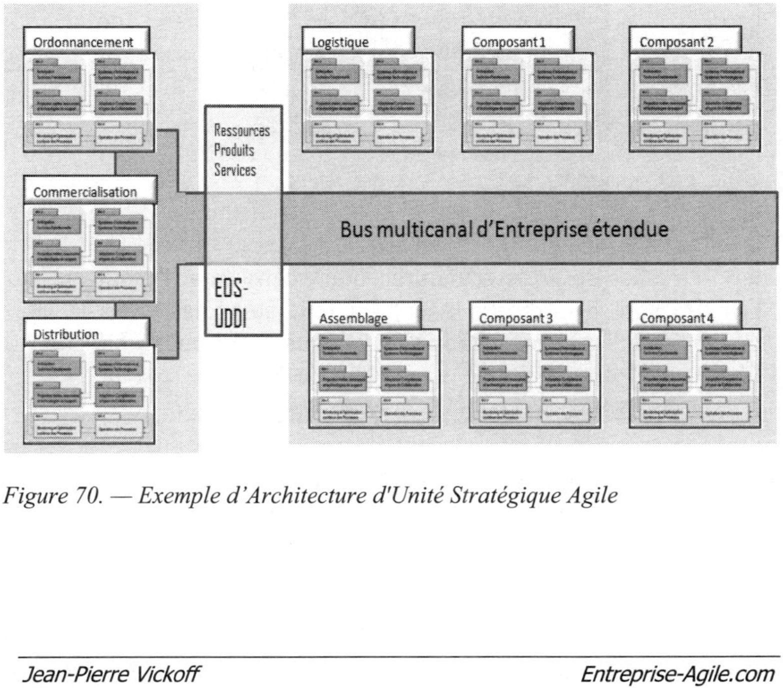

Figure 70. — Exemple d'Architecture d'Unité Stratégique Agile

Ainsi, selon Denis Ettighoffer et Pierre Van Beneden, les entreprises du futur vont incorporer de l'intelligence dans leurs réseaux et leurs organisations, selon deux grandes logiques possibles :

- celle des méta-entreprises ou grappes d'entreprises, s'alliant dans une combinatoire fortement coopérative ;
- celle des méta-réseaux, intégrant dans des ensembles systémiques des activités complémentaires pour favoriser l'hyper-productivité.

Partant du principe de la métaphore en tant que simple outil de facilitation de la compréhension d'une abstraction, l'architecture d'entreprise Agile propose réellement à l'organisation les outils d'une solution de simplification concrète sans laquelle la performance optimale ne saurait exister.

Note : sous un angle de définition de moyens, si l'informatique est la plus évolutive des techniques actuelles et si l'architecture orientée service (SOA, traitée dans un autre chapitre) en est l'aboutissement le plus évolué et le plus agile, pourquoi ne pas calquer nos systèmes d'organisation sur cette approche ?

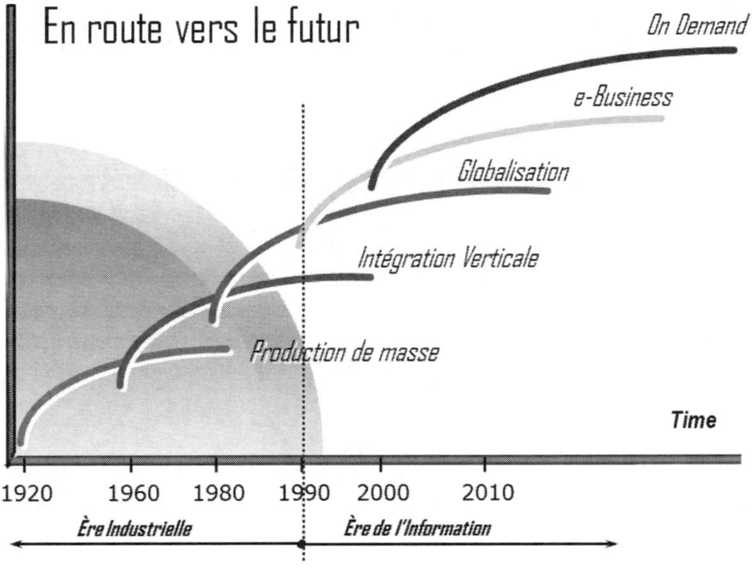

Figure 71. — Vers l'entreprise scalable et reconfigurable

L'énergie du rythme Agile

La dynamique de l'organisation

L'énergie du rythme Agile

> *Sur le plan du principe, l'Agilité trouve sa source dans une philosophie de l'action nommée pragmatisme.*

Ne nous voilons pas la face dans le but d'éviter des constats et des remises en question difficiles : nous sommes des Latins travaillant sur le Vieux Continent, et notre culture ne nous facilite pas les choses. L'Agilité organisationnelle pour être effective ne peut être limitée à certaines strates de notre société. Une entreprise ne devient pas parfaitement « Agile » dans un pays où la complexité administrative l'ankylose. De même, un individu (et cela reste vrai pour une équipe) ne peut faire preuve d'Agilité dans le cadre d'une organisation trop régulée dont l'inertie paralyse son action.

Pour Michel Crozier, le l'archétype du succès en France reste le « modèle hiérarchique, étatique ». C'est être loin du principe de la hiérarchie plate chère aux Américains et aux Canadiens ou du SWAT, la fameuse équipe de développement préconisée par les méthodes Agiles. Même tonalité chez Suzanne Berger : « En France, on n'a retenu du reengineering que les licenciements. On ignore les modifications profondes des méthodes de travail, le changement des hiérarchies et les nouvelles approches des clients. » Au Canada chez Bell MC, le reengineering était considéré comme le moyen d'accroître la performance, donc d'améliorer le rapport qualité-prix du produit avec, pour finalité le gain de parts de marché, et la défense de l'emploi voire l'embauche !

Une autre sociologue, Sabine Chalvon-Demersay, évoque, à sa façon, cette crise conceptuelle du pouvoir : « Hier encore, observe-t-elle, celui-ci était hiérarchique, vertical, sans appel. Aujourd'hui, il devient horizontal, organisé en réseau et consensuel. »

Toujours au Canada, j'ai pu observer des groupes de travail dont le responsable était choisi parmi les exécutants et changeait chaque jour. Il connaissait donc parfaitement la problématique des opérations, et lorsqu'il retournait à l'ouvrage de base, il était conscient des responsabilités de son collègue devenu à son tour coordonnateur. Lorsque le titulaire temporaire était absent, malade ou en vacances, le suivant sur la liste était tout désigné. La mécanique organisationnelle était bien huilée.

Nous voici directement au cœur de la problématique d'acquisition de l'Agilité organisationnelle.

L'Agilité des entreprises face aux défis de la mondialisation nécessite une qualification accrue des ressources humaines. Une société dans laquelle l'ensemble des forces vives n'est pas engagé dans l'action de production s'appauvrit, il faut former réellement et utilement les chômeurs et repenser la réduction du temps de travail comme une indispensable opportunité de formation. Il faut transformer le principe des « 35 heures » en « N jours de formation ».

Le problème de fond, c'est la formation, celle qui mène à l'expertise. Elle seule permet la compréhension de la finalité et permet d'éviter les erreurs grossières. Cette formation ne saurait être totalement à la charge directe des entreprises, l'État doit faire sa part, les salariés la leur. Pour être efficace il faudra offrir non seulement l'opportunité d'un enseignement en adéquation avec les besoins des entreprises, mais organiser ensuite l'application concrète de ce nouveau savoir. Alors à la connaissance reviendra la responsabilité, et beaucoup de choses iront bien mieux.

Pourtant, la situation n'est pas non plus une malédiction ou un problème ésotérique. Les solutions sont même relativement simples mais elles impliquent d'accepter les formes d'adaptations imposées par un monde en mouvement : anticipation permanente des besoins et remise en question des processus. La créativité est nécessaire autant que de la méthode et la souplesse autant que de l'industrialisation. Cela représente pour un empiriste pragmatique le principe du « *just do it* », mais malheureusement ressemble à s'y méprendre, pour un rationaliste cartésien, à la quadrature du cercle et à la remise en cause de ses illusions de perfection.

Dans les grandes organisations, le changement doit être véhiculé par une puissante mutation organisationnelle. Appuyé par la méthode autant que par les technologies, son aboutissement s'exprime concrètement par des systèmes d'information axés sur la recherche de qualité rentable et de performance opérationnelle. Dans cet environnement de relations compétitives, l'usage de méthodes Agiles, garantes des conditions de production de ces SI, devient alors un atout majeur.

Le mouvement Agile a trouvé son inspiration initiale dans la résolution des problèmes auxquels se trouvaient confrontées les équipes affectées aux développements des systèmes d'information. L'Agilité a ainsi émergé de ces groupes de projets, où l'individualisme était pourtant extrême, sous la forme d'une discipline collective, mais à l'échelle humaine, de la performance et de la qualité.

Réponse opérationnelle à des contraintes aussi importantes que celles imposées par la mondialisation des échanges, le principe d'intelligence collective sur lequel repose l'Agilité aboutira progressivement à la généralisation des diverses formes de la hiérarchie plate.

À l'instar de la qualité dont elle en est une composante de plus en plus vitale, l'Agilité ne se décrète pas au plus haut des structures. L'Agilité émerge de la base de la pyramide organisationnelle et en conquiert patiemment tous les niveaux, car l'Agilité est fractale. L'Agilité, à ce stade, c'est la révolution dynamique des systèmes organisationnels. Devenue ainsi catalyseur d'une forme d'évolution pragmatique, elle pourrait à terme conduire à la démocratie d'entreprise et au capitalisme de masse. Ainsi s'élargirait la réalité égalitaire nord-américaine dont le principe de la « *middle class* » est l'expression culturelle et sociale.

Il est fréquent d'entendre que « l'urgence des problèmes interdit de réfléchir à une vision, alors que c'est en fait l'absence totale de perspective qui rend esclave de l'urgence ». Dans le même ordre d'idée, les informaticiens se plaignent souvent de la méthode et de ses lourdeurs et tentent parfois de s'en passer sans plus de discernement. Se plaindre de la méthode, c'est se plaindre du code de la route. Conduire sans le connaître et sans le respecter peut entraîner naturellement l'accident. Et, en matière de conduite de projets, les accidents ne font plus pour seules victimes des budgets et des délais mais ils commencent à tuer des entreprises à travers l'opérationnel, la logistique, le commercial et les capacités d'expansion. Pourtant, la méthode bien comprise ne s'apparente pas au principe du tout ou rien. Une démarche intelligente adapte le « niveau de service méthode » à la typologie du besoin. Ce dimensionnement économique de l'effort permet alors de préserver la base de rigueur indispensable au pilotage des projets actuels « mouvants » ou sous contraintes.

Il est tout aussi indispensable au chef de projet de choisir avec discernement la méthode dont le cycle sera le mieux adapté aux exigences de sa future application. Ce véritable pilote du développement doit désormais systématiquement en évaluer les diverses formes d'obtention (progiciel, solutions, composants, externalisation) sous l'angle des contraintes (budget, qualité, délais ou ressources).

De même, en matière de conception, le choix d'une forme et d'un niveau de modélisation relève le défi d'une modélisation devant s'adapter au spécifique de chaque problème. Le concepteur-développeur compétent conçoit désormais « en vue de modifications » et cherche les techniques de conception susceptibles d'intégrer le changement, car une modélisation efficace doit évoluer en synergie avec la réalité qu'elle décrit.

Dans de nombreux domaines de l'informatique de gestion, la recherche de la perfection et de la réduction complète du risque sont de dangereuses chimères. L'obtention d'une qualité relative dans un contexte donné en fonction de contraintes précises est en fait le seul but pouvant être atteint. Cet abandon de la notion de perfection est le principe le plus dur à accepter intellectuellement pour l'esprit logique d'un rationaliste ou d'un informaticien. C'est pourtant la recherche de l'absolu qui amène des projets à se perdre « corps et biens ».

Refuser la demande d'un utilisateur n'est pas chose aisée, il est vrai. Pour éviter le traumatisme d'un refus, il est préférable d'obtenir un renoncement de sa part. Pour rendre cette situation possible, il faut chiffrer le coût de chaque fonctionnalité. L'enveloppe budgétaire est dans ce cas confiée à l'utilisateur. Celui-ci est alors conscient de son budget en regard de ses besoins et s'impose des priorités.

La gestion du budget en regard des fonctionnalités doit être le problème de la maîtrise d'ouvrage et non celui de l'informaticien. Le pilotage par les directions opérationnelles, à partir du budget et des délais, dans une vision maîtrisée des enjeux et des risques, est la seule forme de conduite de projet qui puisse faire face à la complexité des développements modernes.

L'organisation et ses démons

Le dilemme de l'informaticien se situe souvent en regard des dysfonctionnements de l'organisation qu'il doit informatiser. Les aspects organisationnels inquiétants sont le plus souvent masqués jusqu'à la fin du projet dans l'espoir que l'application agisse comme un révélateur après coup. Bien souvent, la prise de conscience est trop tardive, et il est développé inutilement une application inadaptée qui pérennise le problème de fond. Parfois même, le mouvement de refus du changement imposé explose en problème social, et les intervenants regrettent après coup la déficience de communication.

La valeur ajoutée est le credo de l'Agilité

Les délais de réaction attendus d'une direction informatique se raccourcissent et celle-ci doit recourir à l'Agilité pour remplir ses missions. Le temps du changement s'avère alors une période délicate où l'Agilité exprime « l'Art du possible ». Les premières réponses pratiques à avoir émergé du mouvement Agile sont les méthodes de développement d'applications.

L'énergie du rythme

Il y a un long chemin à parcourir avant d'arriver à un système optimal dans la plupart des organisations.

En disséquant par le détail les techniques mises en œuvre par le mouvement Agile, certains seront déçus de ne rien découvrir de totalement nouveau ou miraculeux. Effectivement, le bon sens ramène les concepts les plus théoriques de l'Agilité à de simples améliorations des pratiques managériales.

Pas de miracle, mais une évolution conduisant à une dynamique de projet :

1. Amélioration des modes de communication.
2. Adaptation des pratiques de pilotage.
3. Perfectionnement des techniques de conception.
4. Optimisation des conditions de réalisation.

Mais, au-delà d'une simple progression de l'état de l'art, ce qui est essentiel dans ces changements, c'est le rythme qu'ils induisent à notre réflexion :

1. Rythme de l'engagement des utilisateurs.
2. Rythme des modes d'entretiens.
3. Rythme de la dimension temporelle.
4. Rythme des *Shows d*e livraison.

Dans un environnement en évolution accélérée, les dynamiques issues de la communication facilitée, de l'organisation repensée et des systèmes d'information fluidifiés entrent en synergie et s'imposent comme l'énergie du rythme.

Rythme du changement, rythme gagnant, rythme Agile.

Depuis la conférence *Unix 95*, ces deux paragraphes concluaient mes interventions. Mais, comme l'a écrit Thierry Cross, le fondateur et premier président de XP France, en paraphrasant une citation d'un artiste au sujet de la Samba « plus qu'un rythme, c'est un **état d'esprit**. »

Je pense même que désormais, il n'est pas exagéré de dire : une **culture**.

Mes premières expériences

L'aventure des développements *Agiles, Lean, Rapides*, etc. commence pour moi au Canada en 1988 avec la découverte des travaux de Boehm sur le développement itératif-incrémental. Dès 1989, après les premières communications de James Martin sur l'aspect adaptatif et le phasage court, je réalise à Hydro-Québec une application avec la méthode RAD, en utilisant le premier SGBDR sous Windows et en impliquant des utilisateurs enthousiastes. Le projet est une phénoménale démonstration d'efficacité mais me coûte mon job.

Je réitère la démonstration chez Bell Mobilité Cellulaire et ensuite pour les laboratoires Abbott. Devant les succès obtenus, je commence à publier sur le sujet. Je participe simultanément à plusieurs opérations *Lean*, d'amélioration continue et de réingénierie des processus avant automatisation. En 1991, James Martin présente le premier livre dédié au RAD.

Début 1994, de retour en France, je publie un rapport sur la méthode qui sera acheté par les grands comptes. Je lance alors le premier projet RAD à la Seita et consacre ensuite ma carrière et mon temps libre à promouvoir ce type de méthode. En 2000 je préconise d'intégrer XP à la Construction RAD. En 2001 je propose *PUMA*. Et voilà, c'était parti !

Une réflexion personnelle

« Le fait d'avoir été un initiateur du changement durant toute ma carrière m'a certainement apporté plus de satisfactions personnelles que financières et, au passage, quelques difficultés qui n'ont fait qu'exacerber mon esprit créatif. »

Mes publications préférées

Speed COBOL, 1981

RAD, MacMillan 1996

PUMA, 2002

Bibliographie principale

Ambler (S), Agile Modeling : Effective Practices, *Wiley, 2002.*

Badot (O), Théorie de l'entreprise agile, *L'Harmattan, 1998.*

Beck (K), Extreme Programming, *Campus Press, 2002.*

Beck (K), Fowler (M.), Planning Extreme Programming, *A. Wesley, 2001.*

Beck (K), Test Driven Development, *Pearson Education, 2003.*

Cross (T), Maîtriser les projets avec XP, *Cépaduès Éditions, 2004.*

Cohn (M), Agile Estimating And Planning, *Prentice Hall, 2004.*

Cohn (M), User Stories Applied, *Addison-Wesley, mars 2004.*

Debrauwer (L), Design Patterns, *Editions ENI, 2007.*

Delbaldo (E), CMMi light, *Editions AFNOR, 2008.*

Evans (E), Domain-Driven Design:, *Addison Wesley , 2002.*

Fowler (M), Patterns Enterprise Application Architecture, *A. Wesley, 2002.*

Greenfield (J), Short (K), Cook (S), Kent (S), Software Factories, *Wiley, 2004.*

Hammer (M), Champy (J), Le Reengineering, *Dunod, 2000.*

Kerievsky (J), Refactoring to Patterns, *Addison Wesley, 2004.*

Larman (C), Agile and Iterative Development, *A.Wesley, 2004.*

Madoz (J-P), L'amélioration continue, *Afnor, 2005.*

Martin (J.), Rapid Application Development, *Macmillan 1991.*

Meszaros (G), Unit Test Patterns: Refactoring Test Code, *. Wesley, 2007.*

Newkirk (JW), Vorontsov (A), Test-Driven Developmen, *Microsoft ,2004.*

Petit-Etienne (M) - Peyraud (Y.), Reengineering, *Éd. d'organisation, 1996.*

Schwaber (K), Agile Project Management with *SCRUM, Microsoft,2004.*

Stapleton (M), Dynamic Systems Development Method, *A. Wesley, 1997.*

Vickoff (J-P.), RAD, *MGI 1994 et Macmillan 1996.*

Vickoff (J-P.), RAD CMM UML, *Gartner Group, 1999.*

Vickoff (J-P), Systèmes d'Information et processus Agiles, *Hermes, 2003.*

Williams (L), Kessler (R), Pair Programming Illuminated, *A. Wesley, 1990*

Liste des Tableaux

Liste des mots « clés »

Liste des Illustrations

Imprimé en France - JOUVE, 11, bd de Sébastopol, 75001 Paris
N° 478106E - Dépôt légal Février 2009